ゆとりの法則

誰も書かなかったプロジェクト管理の誤解

トム・デマルコ

伊豆原弓訳

日経BP社

マリー・オグデン・スミスを偲んで

はじめに

本書は、時代に合った企業へと変化する能力を身につけるための処方箋である。これから、効率と柔軟性のジレンマの本質を追求していく。効率を高めるほど、変化するのはむずかしくなる。本書は管理者に、少しだけ効率を落とし、大幅に効果を高める方法をお教えする。あらゆる変化に欠かせない「**ゆとり**《スラック》」とはなにかを紹介しよう。そして、やみくもに効率を追いかけ、あらゆるゆとりを削るのではなく、ゆとりを上手に使う方法を提案する。

■いま「ゆとり」に注目するわけ

私たちはスピードの時代に生きている。２～３年前に事業の成功の秘訣といわれたことも、いまでは役に立たない。いまは、できるだけ短い時間にできるだけ多くの仕事を詰め込む時代だ。人数を減らし、仕事を増やし、速度を上げ、スペースを削り、支援を受けず、我慢づよくなり、品質基準を高めていかねばならない。たいていの管理者や知識労働者は、忙しくてなにかする時間的余裕はまったくない。計画する時間はなく、実行するだけだ。分析する時間も、考案する時間も、訓練する時間も、戦略的思考の時間も、企画する時間も、昼食の時間もない。

ほんの10年前まで、一日に５～６時間だけ働き、冷水機のまわりでおしゃべりし、長々と会食し、夏は早めに終業し、企業にはソフトボール・チームがあるのが当たり前だった。いまやこうしたものは、牛乳配達やフルサービスのガソリンスタンドと同じく消えゆく運命にある。

今日、職場のいたるところで「急げ、急げ」と呪文が唱えられている。そのおかげで企業のスピードが速くなったことはまちがいない。以前より短期間、低コストで仕事をしている。しかし、いいことばかりではない。

■変化が必要になったとき

企業が現在の事業を変える必要が生じたとしよう。この変化とは、同じことをもっと速くやるのではなく、方向を変えたり、まったく新しいなにかをする必要があるということだ。変化はいつも複雑でむずしいものだが、超スピードの企業の場合、方向を変えるのは無理といってもいい。スピード企業が時間の短縮とコストの低下を目指してやってきたことが、ほかの種類の変化に対応する能力を失う原因になっているのだ。

加速はできるが方向を変えられない組織は、アクセルはあるがハンドルのない自動車のようなものだ。短期的にはたまたま向かった方向へぐんぐん進める。長期的にみれば道路脇に突っ込む車がまた1台増えるだけだ。

■本書の概要

本書は4部構成になっていて、それぞれにテーマがある。

第1部　ゆとり――効率と柔軟性は相いれない関係にある。組織は変化の能力を犠牲にして効率を高めることしか考えないことが多い。ゆとりが救いになるのはなぜか。

第2部　ストレスが組織に与える影響――ストレスを与えるとスピードは2倍になるが、大きく道を逸れていく。企業におけるストレスの原因と対処法。

第3部　変化、成長、組織的学習――学習できる企業（学習を生かせる企業）と学習できない企業の違い。

第4部　リスク選択とリスク管理――リスクを逃れていても勝てないのはなぜか。賢明な管理さえすれば、リスクに向かっていくことに意味があるのはなぜか。また、どのような結果がともなうか。

本書は、知識産業など、知識労働者が大半を占める近代的企業で働くあらゆる階層の管理者に向けて書いた。知識労働者向けでもある。最近の職場がこんなに忙しいのは、なにかがまちがっていると思っている人、ここ10年で会社から消えたゆとりを取り戻すべきだ、そうしないとこれ以上意味のある前進ができない思う人に読んでいただきたい。

本書を読もうとしているからには、「忙しい」にちがいない。組織形態や経営理論に関する長大な論文を読んでいる時間はない。せいぜい、飛行機のなかで要点だけをさっと読む時間しかないだろう。本書は、ニューヨークからシカゴ、あるいはアムステルダムからローマへ向かう飛行機のなかで最初から最後まで読めるようにまとめた。読み終わって飛行機を降りるときには、組織が生き残るために必要な変化を起こす方法が頭に入っているはずである。

■ゆとりの効用

ストレスを減らし、貴重なゆとりを取り戻すことには、次のような効果がある。

・組織が敏速になる。
・「人的資本」ともいうべき重要な人材を維持できる。
・未来に投資できるようになる。
・リスク回避ではなく、賢明なリスク選択ができるようになる。

トム・デマルコ

謝辞

ブロードウェイ・ブックスで本書の編集にあたったスーザン・オークスと編集助手のクレア・ジョンソンに感謝する。本書が目的をはたすためにどのような変更が必要か、辛抱強く貴重な指導を与えていただいた。私の代理人であるカーライル&カンパニーのエマ・パリーとマイケル・カーライルにも、最適の出版社をみつけていただいたことに感謝したい。

本書を構成するアイデアと理念は、私ひとりで思いついたものではない。クライアントや同僚との長年にわたる対話のなかで形になり、試されてきたものだ。すべての関係者に感謝する。特にアトランティック・システムズ・ギルドの同僚であるピーター・フルシュカ、スティーブ・マクメナミン、ジョン・パーマー、ジェームズ・ロバートソン、スーザン・ロバートソンは、具体的な考えと、それを表現する有用な手段を提供してくれた。全員が少なくとも一つずつ、本書に書いたことを教えてくれた。なかでもティム・リスターは、約25年におよぶ親交のなかで、組織での生活に関するあらゆる側面について考えをまとめるために手を貸してくれた(息切れがするほどせっついてくれることもある)。ロブ・オースティン、ジェームズ・バーク、シーラ・ブレーディー、カレン・コバーン、アラン・デマルコ、アーンスト・デナート、レスリー・デボー、ローズ・アン・ジョルダーノ、ジム・ハイスミス、ノーム・カース、ジャット・コドナー、ケン・オール、サリー・O・スミス、ブルース・テーラー、ジョン・テーラー、ジェラルド・ワインバーグ、エド・ユルドンにも、本書に織り込まれたアイデア、言葉、ニュアンスを与えてくれたことに感謝したい。

トム・デマルコ

C O N T E N T S

CONTENTS

C O N T E N T S

C O N T E N T S

第I部 ゆとり

むかし、まだ自由になる時間があったころ、下図のようなちょっとしたパズルゲームで遊んだことがないだろうか。このゲームの目的は、数字の書かれたタイルをうまく空いている場所へ動かし、順番どおりに並べることだ。

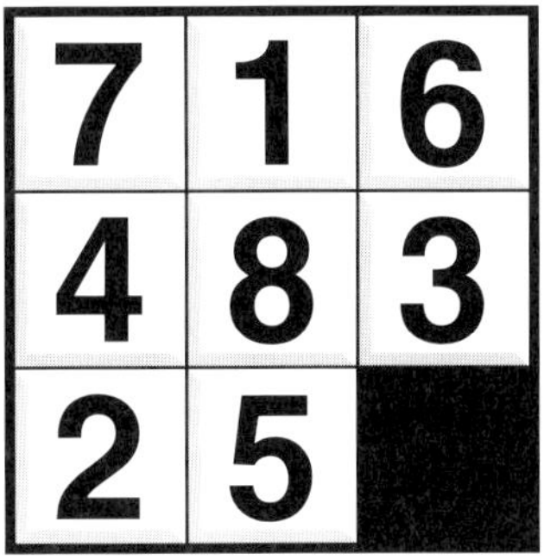

このタイルを順番に並べるのは、そんなに簡単なことではない。このままでも十分にむずかしい。しかし、これを次のページの図のように変えてみる——いや、あえて「改良する」と言おう。

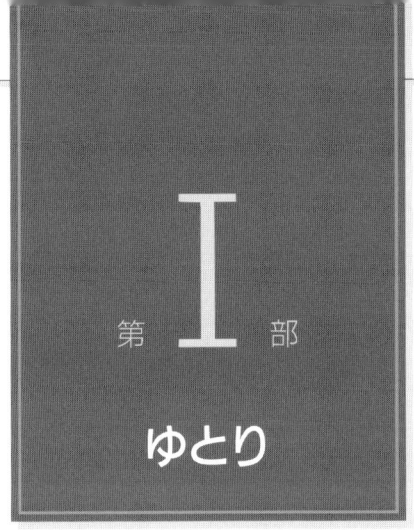

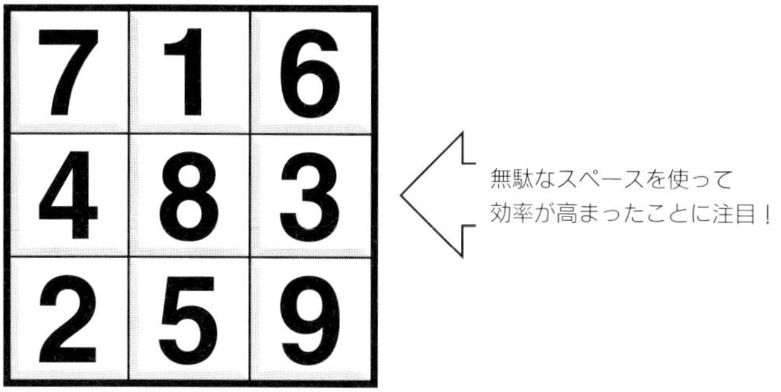
716
483
259
無駄なスペースを使って
効率が高まったことに注目！

元はタイルが８個と空きスペースが１個だったが、これでタイルが９個、空きスペースはなくなった。無駄なスペースがなくなり、全区画の利用率が100％になったのだから、このレイアウトのおかげで効率は11.1％高まったことになる（これを読んいでる間にも、あなたの会社では、同じ論理をオフィスにあてはめて机を動かしている人がいるかもしれない）。効率は高まるが、ほかのなにかが失われる。空きスペースがなければ、タイルを動かすことがまったくできなくなってしまう。このレイアウトは最適な状態にみえるが、そのうちだめだとわかっても、もう変える方法はない。

この空きスペースが、「ゆとり」である。変化を実現するために必要な自由度のことだ。ゆとりは効率と相いれないものであり、効率はゆとりと相いれないものである。これが肝心なところだ。組織の効率を高めることをすると、あとで変更や再生ができなくなることがある。

タイルが９個あって空きスペースのないゲームに、自分の組織が重なって見えないだろうか。ぎりぎりまで改良し、再編し、効率を高めてある……が、もう変化できない。

第1章 斧を持った男

90年代の後遺症として、企業は危険な妄想にとらわれている。社員が全員、めいっぱい忙しく働き続けていなければ、組織は有効ではないという考え方だ。汗だくになって夜遅くまで残業し、次から次へと仕事をこなし、土曜も出勤し、３週間先までちょっとした集まりに参加する時間もひねり出せないぐらい働きづめでなければ、白い眼で見られる。ほとんど暇な時間がない人でも、安心はできない。デジタル・イクイップメント（DEC）の友人が、会社の最も苦しかった時代にこう話していた。「廊下で斧を持ったやつらが標的はいないかと眼を血走らせてるんだ」。言うまでもなく、標的になるのは、あまり忙しそうではない人だ。

自信喪失の危機

あなたの会社には、斧をふり回しながら廊下をうろついている狂人はいないかもしれないが、その亡霊にはつきまとわれているはずだ。これは、過去に経験してきた自信喪失の危機の遺物である。これを書いている時点では、欧米はかつてない活況にわいている。世界のほかの地域は停滞しているが、欧米経済は過去のどの時点より元気だ。しかし、ほんの数年前までは、不信感にさいなまれる苦しい時代だった。わずかな収入のために働き、どの市場でも欧米より低価格で製品を売ろうとする貪欲な第三世界との競争に、どうしたら生き残っていけるのかと悩んでいた。優れた教育を受けた日本人、鉄のカーテンの向こうから現れた抜け目のない貪欲な労働者、超人的な労働観と熟練の技をもった台湾人や韓国人に、どうしたら対抗できるだろうか。そして、自己不信に陥り、余剰生産能力（＝家も家族もある人たち）を一掃した。生き残りは人員削減にかかっているのだとばかりに、人を減らした。

こんなふうに立て直しをはかったことに、無理があったのだろうか。たぶん、短期的にはこれでよかった。そうしてきたことが、多少なりとも現在の強さを支えただろう。しかし、合理化の副作用がいつまでも続き、事業の本質は忙しさにあるという考えが蔓延すれば、長期的には害になりかねない。

「立て直し」をはかった代償

ここ10年ほど、企業はダウンサイズし、「適正な規模」をめざし、レイオフし、クビを切ってきた。給与をカットし、工場を閉鎖し、部門を売却し、残った従業員を戦々兢々とさせてきた。チェーンソー・アル（かつての米国で最悪のCEO）のような人物が汚い仕事をするときには、周りの人は黙ってうなずくだけだ。この流れに乗って、規模縮小を押し進めていたAT&Tのような企業の株価は上昇した。

なかでも切り詰めの対象になったのは、組織の効率をおびやかす中間管理職である。企業は「結局、中間管理職とは何なのだ。ぜい肉以外のなにものでもないじゃないか。効率のために切り捨てる以外に、なんの用があるというのだ」と自問する。そして切り捨てる。組織の中間層を外科的に排除し、組織図を平らにするとともに、各階層の管理者の職務を広げたのである。

これでよかったのだろうか。そんなことはあるまい。

中間管理職には、階層構造の上と下のすき間を埋める以外の存在理由があるはずだ。本書の目的の一つは、健全な組織の中間層ではなにが起きるべきか、つまり中間管理職の重要な役割を検証することである。

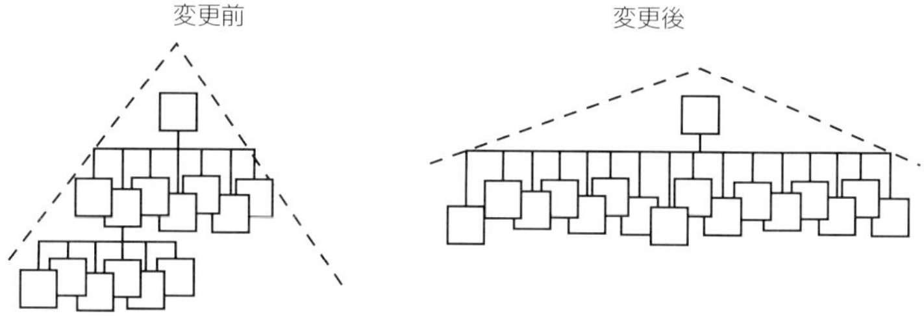

中間管理職の主な任務は、「再生」である。再生が起きるのは、組織の中間層である。ここは、組織の機能の力学を検証し、切り離して分析し、再び組み立て、企業が前進できるような新しい組織モデルに作り直す場所である。

徹底的に合理化した組織からは、変化する能力が失われる。いわゆるリストラは、未来を犠牲にして、現状だけを最適化するものであることが多い。

それがどうした

だからどうだというのだ。いつの時代にも、未来を犠牲にして現状をすこしよく見せようとする企業はある。そのような企業は、しばらくは羽振りがいいが先行きは暗い。いまもそんな企業がいくつかあるだけのことではないか。ところがそうではない。最近は、変化の中枢である中間層を切り捨てなかった企業でさえ、その中枢部が身動きのとれない状態に陥っている。変化と再生を起こすには、最近失われているあるものが必要なのだ。あらゆる変化の源になるそのものとは、ゆとりである。ゆとりの時間帯に再生は起きる。ゆとりとは、会社の業務に追われて余裕のない時間**以外**の時間である。ゆとりとは、まったく忙しくない時間のことだ。

組織が効果的に機能し、成長するには、あらゆる階層にゆとりが必要である。ゆとりは変化の潤滑剤だ。良い企業は、ゆとりを有意義に使う能力に優れている。悪い企業は、ゆとりを排除することばかりにこだわりがちである。

第2章 忙しさの意味

成功している企業の内部の出来事を映画に撮る仕事を引き受けたと想像してほしい。監督として、この会社をどのように表すだろうか。なかでも、どうすれば成功しているように見えるだろうか。考えられる方法の一つは、社内で働いている人がみな絶えず忙しく動き回っているところを見せて、成功している雰囲気を伝えることだ。結局のところ、社員が並外れた努力をしなければ、それほど成功するはずがないではないか。

マイクロソフト、アップル、ヒューレット・パッカード、IBM、デュポンをはじめ、多数の優良企業でコンサルティングを提供した経験からいわせてもらえば、忙しさと成功の間に関連性があるという確証はない。めざましい成功を収めている企業から、特に忙しいという印象を受けたことはない。むしろ、全体的にのんびりした印象を受ける。仕事場は活気に満ちているが、あらゆる作業が少しずつ遅れているときのような、恐怖感がただよう活気ではない。特にすばらしいと思うような企業には、急いでいるようすがほとんど感じられない。大家族のような雰囲気でプロジェクトに取り組んでいる。プロジェクトの目標を設定するときに、具体的な仕事の内容で表すのはごく一部である。目標の大部分は、参加者全員がプロジェクトの過程で学び、成長し、楽しむことにある。

労働、とりわけ知的労働は、大いに楽しめるものだ。だからこそ、仕事に夢中になる人も多い。仕事に感覚的な喜びがあり、周囲の人も同じように感じていれば、また仕事を楽しむことが企業文化のなかであきらかに認められていれば、その会社は成功に向かっている可能性が高い。そんな会社にいる人は、従業員持株制度にぜひ参加するべきだ。

忙しい労働者

極度に忙しいと、組織の実質的な仕事に悪影響がおよぶ。この点については、次章以降でくわしく述べ、特に忙しさが管理者に与える影響を強調したい。しかし、まずは、忙しさが底辺の労働者の有効性さえ損なう可能性があることを考えてほしい。

たとえば、秘書を例にとってみよう（秘書とはなにか、覚えているだろうか。かつてはどこの企業にもあった職務だ）。秘書の仕事には、書類整理、スケジュール管理、コーディネートなどがあるが、全体として、1人の管理者の仕事が円滑に進むようにすることである。自分がその管理者だと考えていただきたい。秘書はシルビアと呼ぶことにする。

そのような人材と働いた経験がある人にはわかるだろうが、優秀な秘書は宝である。そして、シルビアはまちがいなくそのような宝だ。シルビアがいれば、なにもかも円滑に進むようになる。外出中は、実質的にシルビアがとりしきるが、もちろん外からはそうは見えない。仕事の予定を調整し、分配する。シルビアがいなくなると、管理者も組織も、少なくとも数カ月は遅れるだろう。

しかし、この幸せなシナリオのなかに、コスト削減の権限を与えられたコンサルタントが現れたとしよう。企業の「リストラ代理人」である。この人物は言う。「なんだ、こいつは。秘書だって。しかも、たったいま何の仕事をしているというんだ」。そして、お気に入りのストップウォッチを持ってシルビアの机に張りつく。予想どおり、シルビアが忙しく働いているのは、全時間の43％だけだ。残りの時間は……待っている。管理者やその部下がやらなければならない仕事を見つけると、すぐに取りかかれるように待機している。それがシルビアのすばらしいところだ。なにかあると、たいていすぐに仕事を進めることができる。

コンサルタントは勝ち誇った表情を浮かべた。シルビアが忙しい時間は、全体の43%だけだ。この秘書にかかるコストのうち57%は節約できるはずだ。それなら、シルビアを「プール」に投げ込み、43%の時間を現在の上司の仕事に、残りの時間をほかの人びとの仕事に割り当てればよい。または、1人の57%ぶんだけを必要としているほかの管理者と秘書を共有すればよい。または、シルビアは辞めさせて、本当に人手が必要な43%の時間分だけパートタイマーを雇えばよい(しかし、その前に、本当にそんなに人手が必要かどうかを調べなくてはいけない)。

なんと大幅な改善だろう。シルビアがいなくなるか、57%の時間だけいなくなれば、組織が負担していたシルビアの人件費のうち57%がそのまま利益になる。すばらしい。全時間のうち57%は遊んでいた人材を、100%忙しい人材に取り替える。これが効率というものだ。

言うまでもなく、この場合に問題になるのは、ゆとりのなくなった秘書、または秘書の一部では、シルビアのように敏捷に対応できないことだ。このきわめて効率的な人材は、新しい仕事が発生しても、すぐに取りかからない。忙しすぎるからだ。

複数の人間が一緒に働くには

現代の組織は、仕事が相互に結びついた巨大なネットワークである。このネットワークのノードにあたるのが、一人ひとりの労働者である。各ノードをつなぐのは、人から人へと渡される進行中の仕事である。

実際問題として、各従業員の机になんらかの一時置き場がなければ、組織の全従業員がつねに100%忙しいということはありえない。つまり、仕事をためておく書類受けかなにかが必要だということだ。

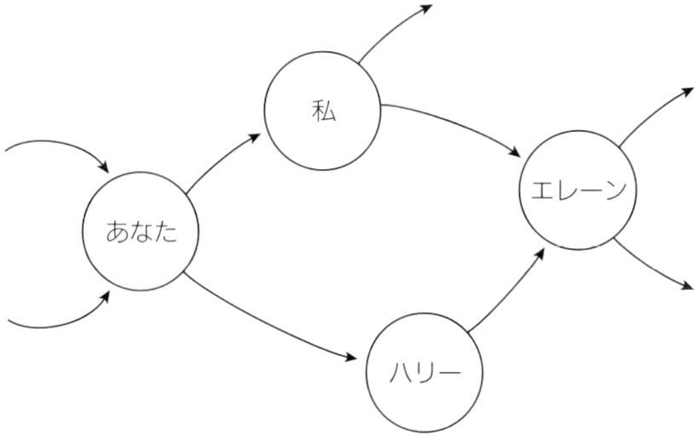

それぞれの机に十分な一時置き場があれば、全員がつねに忙しくなるように仕事の流れをつくることができる。

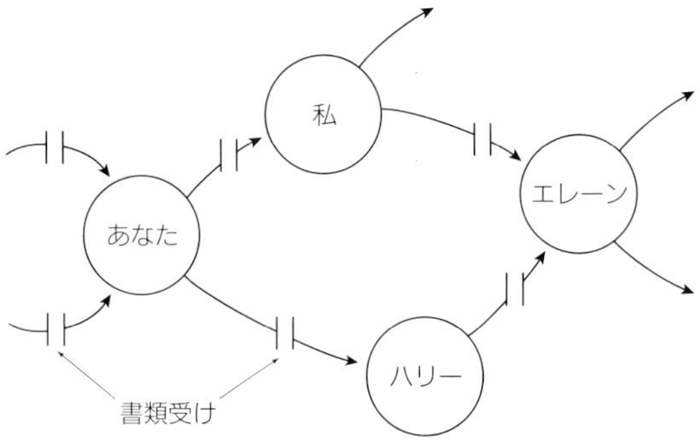

この方法は最大限の効率を達成できるが、その副作用として、仕事が組織のなかで処理されるのにかかる時間が必然的に長くなる。仕事の視点で考えてみよう。仕事がネットワーク全体を移動するのにかかる時間は、だれかの書類受けのなかで止まるたびに増えていく。仕事が机に到着したときに、従業員の手が空いていれば、待ち時間はなく、全体の移動時間は短くなる。しかし、手が空いているということは、少なくとも非効率な部分があることを意味する。そのような部分は、効率プログラムによって組織

から排除しているはずだ。

一日の中からあらゆるゆとりを排除し、労働者を効率よく使うと、対応の早さを犠牲にすることになり、組織の動きが鈍くなる。このような代償はあまり望ましいこととはいえない。ビル・ゲイツが以前にマイクロソフト裁判の法廷で証言したように、「過去には最も適応できるものだけが生き残った。現在は、最も速いものだけが生き残る」のだ。

組織の質を高めずに、効率だけを高めることは可能である。ゆとりを排除すると、そのようなことになる。また、組織の効率を少し落とし、大幅に質を高めることも可能である。それには、組織が一息つき、自己再生し、必要な変化を起こせるだけのゆとりを取り戻す必要がある。

第3章　人材は代替可能か

通常、リストラは会社の効率を高めるためのものである。それが悪影響をおよぼす可能性が大きいことは、かねてから主張してきた。効率の向上は、逆効果になる場合が多いのだ。しかし、だからといって効率の向上がやさしいわけではない。それどころか、膨大な作業と優れた工夫を必要とする。組織の効率化がむずかしいのは、組織の労働者はすでに、絶えず自分たちの効率を高めようとしているからだ。無駄なことにいらだち、暇な時間にはうんざりしているため、何年も前から効率化につとめてきた。ところが、効率の専門家が組織へやって来て、多くの賢明な人たちが耕してきた土地を、もう一度掘り返すという。この難題を突きつけられた専門家が、手っとり早い方法使って、少しばかり成果をあげたようにみせかけることがあったとしても、だれが非難できるだろうか。

最も手っとり早い方法

さらに、リストラの恐怖にさらされている組織にありがちなことだが、成果を上げたようにみせようと、実際に成果を上げようと、要は同じだという感覚があるため、ますます手抜きをしがちになる。たとえば、シルビアを２人の上司で分けるというのも、みせかけの成果だ。効率が高まったぶん、対応が遅くなるからだ。しかし、効率の専門家はたったの１週間でぜい肉を落とさなければならない。手抜きをしたくなる気持ちもわかるだろう。

それでは、手っとり早く組織を「改善」してみせる必要のある効率専門家には、どのような方法が便利だろうか。最もよく使われる手抜きの方法は、個々の労働者を完全に**代替可能**なものと仮定することだ。

【fun・gi・ble】［fu´ jə bəl］adj.（特に物に関して）全体または一部を、同様の性質または種類の別の物と自由に交換または代替できること

たとえば、貨幣は代替可能である。「生活費」という束から取り出し、「食料品店」という束に加えても、その間に価値が失われることはない。生活費から取り出した貨幣と、食料品店へ払った貨幣の価値は同じである。また、生活費から払われた貨幣と、もとから食料品店にあった貨幣にも差はない。すべて同じ価値がある。貨幣は代替可能である。しかし、人間はそうではない。

自分が効率の専門家で、きびしく監視されていると想像したら、人材が代替可能だと考えることがどれほど魅力的かわかるだろう。人間を自由に動かして、時間をかけずに生産性が高まるようにみせることができる（効率の専門家なのだから、とにかく効率的にやらなければならない)。シルビアを物のように扱い、分割して、ほかのシルビアと同様の労働者と「全体または一部を交換または代替できる」とみなしてよいなら、43%をある部署に、57%を別の部署に割り当てることには意味がある。シルビアが代替可能な資源でなければ、まったく意味はないため、こんなことを考えるだけ馬鹿ばかしい。

マトリックス経営

人材が代替可能であるという考え方は、「マトリックス経営」という主流組織理論に現れている。マトリックス経営を行う組織では、各労働者には直属の上司が2人ずついる。組織図で労働者の真上に描かれる上司は、

機能上の責任をもつ管理者で、労働者に日常の作業命令をくだす人物である。横に描かれる上司は、職能管理者といい、同様の技能をもつすべての労働者をある意味で統轄する人物である。次の図のなかで、レイアウト技術者のラマーは、プロジェクト管理者のビビアンの部下であると同時に、デザイナーとアーティスト全員を管理するアーノルドの部下である。プロジェクト関連の問題は、ビビアンが責任者である。今日や明日、ラマーがなにをすべきかを決定する。しかし、昇給の時期に評価を実施するのはアーノルドであり、アーノルドはラマーの研修や昇進にも責任をもつ。

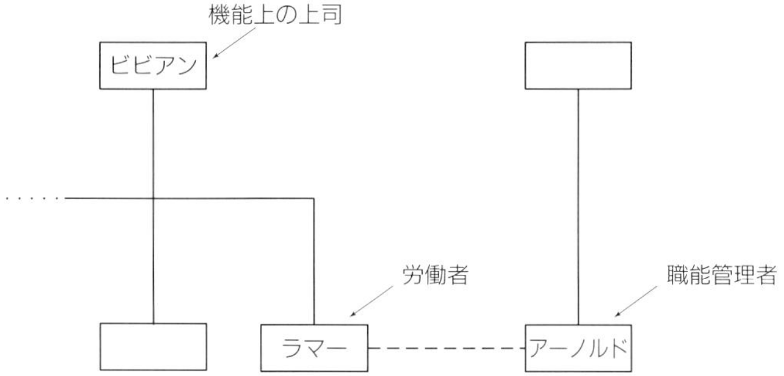

世間の半分はマトリックス経営に慣れ、この方式を当然のものと考えている。残りの半分は、単にこれを奇抜なやり方だと考えている。後者のグループは、いったいアーノルドは、ラマーの本来の上司であるビビアンと話し合わずに、どうやってラマーの能力を判断するのかと考える。ビビアンは知っていて、アーノルドは知らない。それなら、ビビアンが評価すればよいではないか。ラマーの責任を拡大してもよいかどうかの判断についても、同じことがいえる。マトリックス経営は、たいして意味のあるものではない……ラマーを完全に代替可能な資源として扱うという名案を思いつかないかぎりは。ラマーが代替可能な資源だったら、どこにでも自由に動かせるし、分割もできる。

次の図では、ラマーは3つの異なるプロジェクトに参加している。もちろん、どのプロジェクトの上司も、ラマーの能力を全体として評価できない。そこで、アーノルドという人物が必要になる。

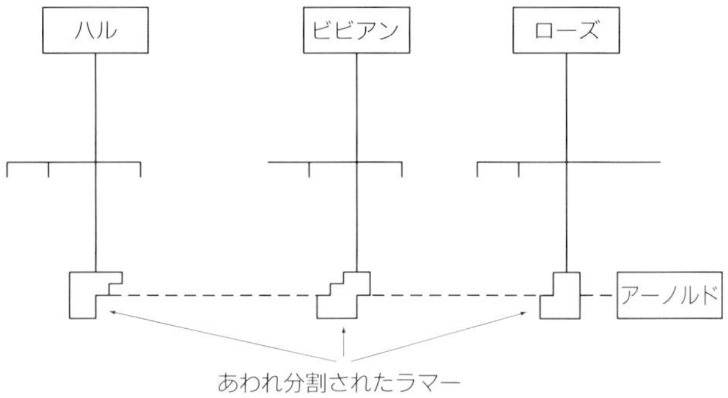

縦方向のどの上司にも、1人の人材をフルタイムで使うほどのニーズがない場合には、とりわけこのようなマトリックス経営は魅力的である。外部から不定期に労働者への需要がある場合にも、この方法は手軽である。この従業員はふだんはメインの業務に従事させ、必要に応じて別業務へ派遣すればよい。この方法をとっている企業は、小回りがきき、無限の柔軟性があると自負している。

仕事の切り替えにともなうロス

問題は、人材が完全に代替可能ではないことだ。マトリックス経営を熱心に支持する人でも、個人をいくつにも分割するのには限界があることは理解するだろう。たとえば、ラマーが二つの仕事を受け持つことはできると考えるかもしれないが、5つだと不安に思いはじめる。10個以上となると、あきらかに多すぎる。

ラマーを10以上に分割できない理由は、仕事を切り替えるときに発生するコストと関係している。たとえば、毎日少しずつすべての仕事にたずさわる場合、１日に９回以上仕事を切り替えなければならない。たとえば、ある図面を片づけて別の図面を取り出し、適切な機材と媒体を用意し、作業指示書と前回のミーティングのメモを探すなど、１回の切り替えに10分かかるとしたら、ラマーの１日のうち90分は仕事の切り替えだけに使われることになる。１日の労働時間が８時間だとしたら、このロスは約20％にもなる。これだけの時間が、どの仕事にも生産的に使われないのである。これはただの無駄だ。

この10分間の切り替えロスは、ある資料や機材を片づけ、別の資料や機材を取り出すという機械的な作業に使われる時間だけを計算したものだ。しかし、ラマーの仕事の内容によっては、切り替えロスはこれよりはるかに大きい場合がある。たとえば、いまがプロジェクトの図面作成やレイアウトの段階ではなく、概念的作業の段階だと考えてみよう。ラマーは広告キャンペーンを考案したり、要旨をうまく伝えるイメージの組み合わせを検討したりしている。こうしたあいまいな作業は、ラマーの仕事の本質部分だが、明確な構造がない。ラマー自身、概念的作業を複数の要素に分けたり、分割した作業に優先順位をつけたりすることはできないだろう。つまり、途中で中断しなければならないとしても、今日中断した作業と、明日再開する作業を明確に分けることはできない。明日仕事を続けるときには、今日と同じ心理的ステップをある程度ふまなければならないだろう。仕事を分割した場合、機械的な切り替え作業にともなうロスのほかに、こうした作業を繰り返すロスもある。

仕事の切り替えにともなう現実的なコストを表すには、このモデルでも楽観的すぎるぐらいだろう。仕事には、作業に「没頭」しなければ進まない種類のものがある。たとえば、著述、研究、分析、発明、プログラミングなどの仕事がこの分野にあたる。ある種の精神不活発の状態を克服するには、没頭する時間が必要である。たいていの人は、まとまった時間がなければ、こうした仕事に取りかかりたいとは思わない。

仕事によっては、感情的不活発を克服する必要もあるだろう。たとえば、看護婦が患者の病室のドアノブに手をかけ、むずかしい処置の前に集中力を高めているようすや、営業マンが売り込みの前に自信を高めているようすを想像するといい。

没頭を必要とする仕事が中断されると、再開するには2回目の没頭時間が必要である。頻繁に中断される場合には、フラストレーションも関係してくるだろう。フラストレーションのたまった労働者は、気持ちを静め、作業を再開したときにさらにフラストレーションが高まる可能性に備えるために、ある程度のエネルギーと時間を必要とする。

二つの作業を時分割で手がけたときの無駄は、機械的な切り替え作業にともなうロスと、再開時に必要な繰り返しの作業と、没頭に必要な時間と、フラストレーションのコストの合計である。これらのロスは、切り替えのたびに生じる。

チームへの影響

切り替えには、さらに別の種類のロスがともなうこともある。このロスは、一定の時間が無駄になるだけでなく、継続的な生産性を損なうものだ。このロスは、緊密に結びついたチームで作業する人の仕事に発生する。そのようなチーム作業の経験がある人は、共通の目標をめざす結果、「結束」によって生産性が大幅に高まることを知っているだろう。チームには、参加者全員のエネルギーと集中力を高める効果があるため、チーム全体としての生産能力は、各メンバーの生産能力の合計より大きい。しかし、チームはおのずと対象に執着しがちである。いくつにも分割された労働者は、細かく分けられた仕事のどれにも執着しきれないため、チームに入り込めないことが多い。チームの作用によってどれほど生産性が高まろうと、分割された労働者はそのメリットを生かせない。

そこで、仕事の切り替えにともなうロスをまとめると、次の要素をすべて含むものと思われる。

仕事の切り替えにともなうロス ＝新しい作業に移行するときの機械的作業 　＋悪いタイミングで中断したことによる繰り返し作業 　＋思考的作業の没頭にかかる時間 　＋フラストレーション（感情的没頭） 　＋チームの結束効果の損失

仕事の切り替えにともなうロスの数量化

ここまでは、仕事の切り替えにともなうロスの要素を挙げただけだ。次に、これらの複合的な影響を数量化してみたい。経験からいって、知識労働者が時間によって複数の仕事を切り替えることによるロスは、15%を下ることはない。一つの仕事に携わってきた人に、部分的に別の仕事を割り当てると、その人材の労働時間のうち週に6時間以上は損失になる。さらに、分割する仕事が多いほど、このロスは大きくなる。これは知識労働者に限った話だ。ブルーカラー労働者の場合、仕事の切り替えにともなうロスのうちいくつかの要素からは、影響を受けないか、受ける影響が小さいだろう。しかし、知識労働者の場合には、少なくとも15%のロスがある。

さて、15%以上のロスがあることを実証するために私がここまでに使った唯一の方法は、「繰り返し断言実証法」という古典的手法である。15%

以上のロスがあると断言し、それを何度も何度も繰り返し断言することによって、それを断固たる事実にしてしまうのである。繰り返し断言実証法は広く使われているにもかかわらず、納得のいく厳密さがないと言われるかもしれない。そういう人には、「何に比べて？」とおたずねしたい。私がこの話をするまで、仕事の切り替えにともなうロスはゼロであると仮定されていた。そこら中の企業が、知識労働者を細かく分割し、ときには一人の人間に8とか10の職務を割り当てていることからもわかるとおりだ。こうしたことがそこかしこで行われることによって、**ロスはない**、または無視できるほど小さいということが繰り返し断言されているのである。

ロスは0％か15％か。この二つの断言のうちどちらが正しいか、これ以上の証拠がなくても、読者はすでに0％の仮定に対しては、すくなくとも多少心もとなく感じているだろう。しかし、実は繰り返し断言法より強力な証拠もある。私とアトランティック・システムズ・ギルドの同僚は、1984年からソフトウエア開発者に対する3年間の経験的調査を実施した[*1]。100以上の組織から約600人のプログラマーを集め、ソフトウエア開発業務の能力を基準値と比較調査した。参加者はいつもの職場で、いつも使っているスペースで作業する。中断、仕事の切り替え、周囲の雑音などもいつもどおりにする。環境に関する情報を集め、仕事の切り替えがあればすべて記録した。ご想像のとおり、中断の頻度が少ない人のほうが成績がよかった。私たちは仕事の切り替えの頻度との関係で成績をモデル化し、仕事の切り替えに関する最良の理解としては、1回の切り替えにつき20分強の集中力喪失によるロスがあるという結論に達した。また、1時間当たりの平均切り替え回数は約0.4回だった。つまり、一日に1時間以上、直接的な生産能力のロスが起きているということになる。

＊1　この調査の結果は、『Proceedings of the 8th International Conference on Software Engineering』(London: IEEE Computer Society Press, 1985) の「Programmer Performance and the Effects of the Workplace」などで公表されている。

ロスが意味するもの

過去10年の企業リストラの主流は、人員を削減し、その仕事を残った人材で分担するというものであった。これによって、労働者の細分化が大幅に進んできた。このようなリストラ戦術に意味があるのは、仕事の切り替えによるロスが、節約できるコストより小さい場合のみである。実際には、ロスが実質的にゼロでなければ意味がない。しかし、そのようなことはない。

仕事の切り替えにともなう隠れたロスが、細分化されすぎた組織の資源を食いつぶしているかぎり、それで節約ができたと思うのは幻想である。知識労働者を分割すれば、忙しくみえるかもしれないが、その忙しさの大部分は、仕事を次から次へと切り替えることによる中身のない作業である。

さらに悪いことに、だれを辞めさせてだれを残すかという決定は、ふつう、能力評価に基づいて行われる。しかし、仕事の能力は抽象的に評価できるものではない。テッドは全般的に能力の高い労働者だ、などと言うことはできない。テッドはある仕事では優秀だということがわかった、と言えるだけである。細分化の結果、その仕事をする時間が減り、あまり得意ではないほかの仕事をする時間が増えるかもしれない。仕事の切り替えにともなうロスがなくても、全体的な能力は低下することになる。

知識労働者は代替可能ではない。代替可能なもののように扱えば、忙しさは増すが、意味のある仕事をすることがむずかしくなる。

第4章 「急げ」と言うと遅くなる

これまでの話をまとめると、組織は効率にこだわり、忙しくしようとするあまり、敏捷性と実質的な効果を犠牲にすることがある。こうなると、ほとんどの場合、リストラや企業の「改善」努力が悪い結果をまねくことになる。したがって、そのような組織は「改善しすぎ」ているのである。

「急げ、急げ」

近頃、だれからも忙しいという話を聞くことから察するに、改善しすぎた組織がそこら中にあるものと思われる。私は通常、一年に十数社の企業、エージェンシー、非営利組織を訪れ、セミナーや会議では数百社の社員と接触する。これらの訪問の際に見聞きしたり、セミナーの参加者や同僚から聞いた実話から考えて、これらの組織の半分から３分の１は、いくらか改善しすぎた状態だと考えている。つまり、従業員が病的に忙しく、目を血走らせ、少なくとも多少の恐怖感をもっている。

このような組織の特徴は、「急げ、急げ、急げ、急げ、急げ……」と呪文が繰り返されていることだ。正直に言うと、私自身、管理者になりたての頃はこの呪文を心地よく感じたものだ。自分に影響力があるように感じられたのだ。いまでは、この呪文は組織が誤った方向へ進んでいる音だと思っている。

複数の人間が一緒に働くには

特に心配なのは、「急げ」が実は「ゆっくりやれ」を意味している場合である。そのようなことがありうることを理解するために、仕事を線で結んだ組織モデルに戻ってみよう。ノードは人を表し、リンクは渡される情報、作業成果、副産物などを表す。

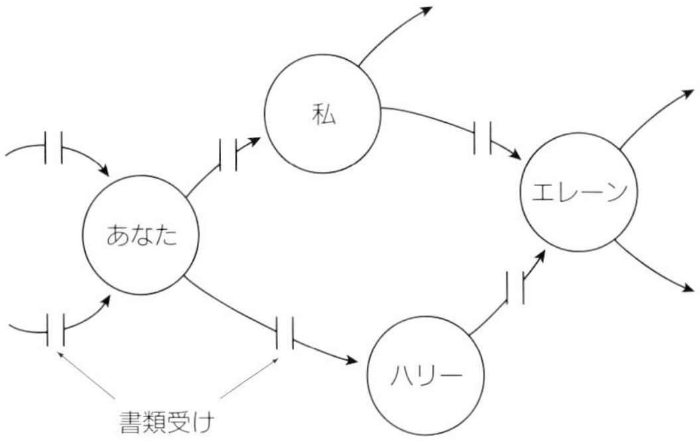

当然ながら、仕事はつねに一定ではないため、ある程度の非効率性がともなう。たとえば、エレーンはハリーからのインプットを待つ間は暇である。この組織を改善しすぎた状態にするには、効率を高める（少なくとも、忙しさを増す）ために、各ノードの人的資源を削減する。右上の図のように、一部の労働者を部分的にほかの仕事に割り当てることによって、一時置き場に仕事がたまりすぎず、かといって空にもならない状態にシステムを保つのだ。これで、全員がつねに100％忙しい状態になる。

こうして静止した図でみると、効率的に思われるかもしれない。しかし、現代の知識労働では、じっと止まっているものなどない。

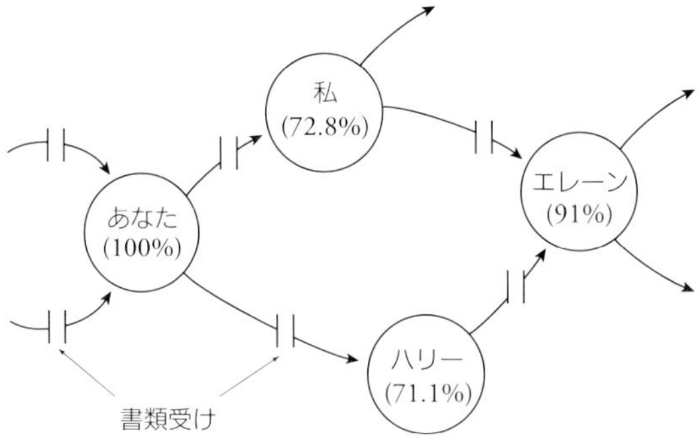

状況は日夜変化している。このため、仕事には新たな変動が生じ、仕事が増える人もいれば（一時置き場に仕事がたまる）、作業連鎖の前のほうから仕事が渡ってくるまでに時間がかかるようになるため、仕事が足りなくなる人もいる。

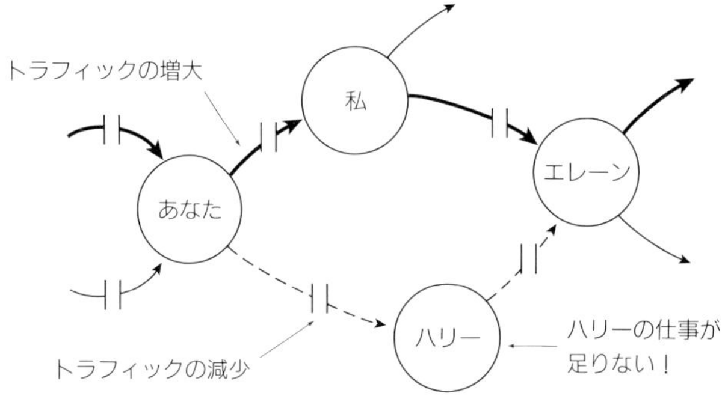

この状況で、ハリーの立場に立ってみよう。ハリーは一時置き場がもうすぐ空になることに気づく。一方では「急げ、急げ」と呪文が唱えられ、ハリーはそれを「忙しくしていろ」という意味に解釈する。周囲の人はみな狂ったように働いているため、書類受けの最後の仕事を片づけ、だれか

から次の仕事が送られてくるのをじっと待っていては、安心できそうにない。遊んでいるようにみられては、クビが危うくなるとハリーが考える理由はおわかりだろう。

ハリーのような人が、一時置き場が空になりそうなときに思いつく生き残り戦術は、**ゆっくり仕事をする**ことである。つねに一定の仕事が手元にあるように仕事のスピードをゆるめる。それ以上遅くなると、ボトルネックとみられ、管理者から仕事の速度に目をつけられるだろう。そこで、それほど遅くはしない。適当なところまでスピードをゆるめる。これで、ハリーも100%忙しくなり、一時置き場には適当な量の仕事がたまって、ボトルネックにもならない。これは、クビをつなぎとめるための処方箋である。「急げ」と要求する組織を円滑に機能させているという点で、ハリーが理想的な従業員であることはたしかだ。

これが、「急げ」を繰り返し、忙しさを重視すると、人びとの仕事が遅くなる理由である。このようなことをお望みなら、ぜひ実践していただきたい。

第5章 イブを管理する方法

私はカトリック学校に長年通っていながら、天地創造の物語については、シスターが期待したのとやや違った見方をするようになった。私にとって、この物語の最大の英雄はイブである。イブは、人間の尊重すべき資質をすべて備えている。抑えきれない好奇心、勇気、権威を恐れない剛胆さ。なによりも自分自身の成長に対して意欲的であり、少しだけでなくすべての約束を果たそうと決めている。

イブの「堕落」の話を思い出してほしい。神は、楽園のものはなにを食べてもよいが、ただ一つ、善悪を知る木の実は食べてはならないと言い渡す。この木の実はそもそも食べ物ではなく、「理解」である。それを食べれば、知るべきではないことを知ることになり、楽園から追放される。

これに対するイブの態度は「おことわり！」である。自分自身の成長を狭い枠の中にとどめるつもりはなかった。イブは木の実を食べ、その結果を受け入れる。私も同様の立場に立ったとき、同じような勇気を持てたらと思う。

イブを部下にもつ

優秀な管理者の下には、一人や二人、イブがいるはずだ。その管理者が成功したのは、少なくともある程度はイブのような人のおかげである。優れた組織の中心には、こうした人たちがいる。しかし、この人たちをいったいどのように管理するのだろうか。

もちろん、上から命令を押しつけてはいけない。自分は上司なのだ、上司がやれと言っているのだ、などと仕事を命令することはできない。イブは地位など気にしないからだ。イブにとって意味のない目標を押しつけることはできない。「今日中にこの仕事を終わらせて、能力調査票も記入しておくように」などと言えば、どこかいかれてるのではないかというような目で見られる。仕事のほうは自分にも重要だとわかるので片づけるが、能力調査はごみ箱行きになる。意味がないと思われるような仕事をどっさり与えると、すぐに辞めていく。

なによりも、イブに成長の機会を与えないような仕事の組み立て方をするわけにはいかない。イブにとって、成長は給料と同じぐらい大事なものである。給料が払われなければ働かないのと同じく、有意義なやりがいがなければ働かない。

やりがいと報酬が同じぐらい重要なのは、知識労働者ならではである。知識労働者は、一世代前が管理していたブルーカラー労働者とは違う。知識労働者を管理するときに犯しがちな愚かなミスは、この違いを忘れて、100年前の工場で作られた基本ルールが知識労働者にもあてはまると考えることだ。

NPO（非営利組織）の場合

最近、ほとんどの仕事がボランティアの手で行われる小さな非営利組織を運営する機会があった。最初から、この人たちがする仕事を管理する方法はないに等しいことに気づいた。背後から監督したり、彼らと違った基準を押しつけたりすれば、みんな肩をすくめて出て行き、あとには自分しか残らないだろう。管理をするには、仕事に対する報酬が必要である。それがない非営利組織の場合、管理をしないか、または管理をして全員いなくなってしまうかだ。

だからといって、商品の品質を管理する手段がないわけではない。管理しているようにみせてはいけないだけだ。基準を押しつけるときには、そうはみえないように、どうにかしてそれを「自分たちの基準」にさせなくてはいけない。これは多くの管理者にとって悩みの種であり、このために非営利の世界から逃げ出し、言ったとおりに人が動く慣れ親しんだ営利組織に戻る人も多い。

しかし、実際には人は「言われたとおり」には動かない。営利組織とボランティア組織の違いは、営利の世界では報酬が支払われるため、部分的に上司に管理権限を譲り、少なくともいくらかは命令を受け入れようという気になる。しかし、いっさいの管理を許すわけではない。それほどの報酬は支払えない。

これは、管理者になった私にとっておどろくべき発見だった。労働者がどこまで管理者に管理を許す気があるのかも知らずに、いつも自分に100%の管理権限があると思い込み、私の仕事はすべてを管理すること、部下の仕事はすべてをやることだと思っていた。違った考え方をするまでには、長い時間がかかった。

情報の管理

最近、コンサルティングの仕事で、管理スタッフを対象にアンケート調査をしているプロセス改良研究者のグループに会った。このグループは、管理者の多くは80％もの時間を会議で過ごしていると結論した。これは多すぎると思わないかと聞かれた。私は、管理者が80％の時間を部下と過ごすのは妥当だろうと答えた。しかし、これらの管理者が、この時間を会議と考えているのは残念だと思った。管理者はもっと部下と一対一で話したり、「会議」という表現が合わない臨機応変な集会に時間を使ったほうがいい。ところが研究者は困惑したように、この管理者たちは80％の時間を**部下以外の**人との会議に使っているのだと言った。部下と過ごす時間は、残りの20％からひねり出さなければならないという。

それなら話はまったく別だし、ろくな話ではない。管理者の日々のうち80％の間に、いったいなにが起きているのだ。知りたくない気がした。管理者の時間は、顧客、プロジェクト関係者、その他の部外者など、直属の部下ではないありとあらゆる人たちとの会議に費やされている。そして、これらのパートナー組織から入手した情報は、組織図の下のほうの人たちへ流す。

ここで前提になっているのは、組織図の階層と階層を結ぶ線だけがコミュニケーションのパイプラインだということだ。情報はこの線に沿ってしか流れない。しかし、これはとんでもないまちがいだ。階層の線は、権力の通り道である。伝達する必要のある情報をすべて通すには狭すぎる。健全な企業では、コミュニケーションは組織図のなにも描かれていないところを通る。

コミュニケーションが階層の線だけを伝っている場合、それは管理者がすべてを管理しようとしている証拠である。これは非効率的であるばかりか、部下たちへの侮辱である。イブはこんな管理者のためには絶対に働かないだろう。

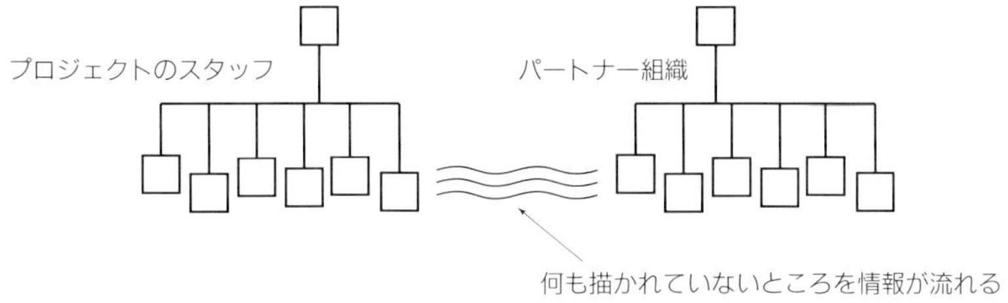

管理と個人の成長

成長したいという欲求がイブの重要な動機づけになっていることを認めるなら、イブがうるさく管理されるのを我慢できない理由もわかるはずだ。イブは管理権限をもつことが重要な成長の機会になると考える。だからといって、イブをまったく管理できないわけではなく、完全には管理できないというだけだ。自分の進むべき方向を選択し、自分でミスをするために、ある程度の自由と機会を与える必要がある。ここではミスも重要だ。イブに自分で選択する権限があっても、上司が押しつけるのと同じ選択肢しか選ぶ余地がないとしたら、まったく管理権限がないのと同じである。もちろん、相手にはそのことがわかっている。イブをだますことはできない。

こうした管理の問題は、主に仕事をする方法の選択に関して起きる。自分の下の組織をつくった者としては、一つひとつの仕事のやり方を選択するのは自分の責任だと思うかもしれない。財務データは単なるスプレッドシートに表すべきだろうか、シミュレーション・モデルにするべきだろうか。管理者はスプレッドシートを選ぶ。作業中の設計やテストプランはイントラネットに置くべきだろうか、書類で回覧すべきだろうか。管理者はイントラネットを選ぶ。すべての作業成果を相互検証するべきだろうか。管理者はするべきだと決める。

しかし、イブとそのチームメイトが違う決定をしたとする。権力者から管理者に与えられた権限は、仕事のやり方を押しつけられるほどのものではないと考えてみる。これらの人たちは成長のために仕事をしていて、管理者の選択に従っていては成長できない。そのため、別のやり方で仕事に取り組む方法を求めている。

管理者がある程度の信頼の貯金を貯めていたら、それを少し引きだして、いくつかの重要な問題については自分の選択を通すことができるかもしれない。しかし、すべてそのとおりにはいかない。信頼の貯金は、使いすぎればすぐになくなってしまう。

管理権限の配分については、次のようなモデルを提案したい。管理権限がある意味で給与のようなものだとしたら、その配分は給与に比例している必要がある（少なくとも、そのようにみえる必要がある)。10人の部下がいて、部下たちより25%高い給与を受けとっているとしたら、その管理者の「管理ポイント」は125、部下はそれぞれ100である。この比率に応じて管理権限が行使されれば、あるいはそのようにみえれば、イブと同僚は、自分たちの成長の機会が十分にあると感じる。問題は、たったの125管理ポイントで、どうやって組織に関する自分の要求を満たすかである。これは簡単なことではない（しかし、管理が簡単だなどとはだれも言っていないはずだ)。

違った意味の「ゆとり」

このため、イブを管理するには、次の逆説と戦わなければならない。きちんと管理するためには、管理をやめなければならない。権限は、使ったと気づかれないように控えめに使う必要がある。管理権限は管理者が一手に握っているのではなく、組織全体に広がっているのだと本当に理解する必要がある。舵の働きは牽引力を高めて船を制御するだけだと知っている有能な舵手のように、できるだけ軽く触れるだけで舵をとる必要がある。

つまり、イブとその同僚のために作るゆとりというのは、時間的な意味でのゆとりではない。管理のゆとりである。これは健全な組織のためにどうしても欠かせないものである。

第6章　忙しさよりビジネス《ビジネス》を

――いよいよ本題に入り、ゆとりをうまく組み込むことの効用を語る

本書には、やるべきこととやってはいけないことが約半分ずつ書かれている。古典的な手法として、やってはいけないことはだいたい先に書くことになっている。

ここまではやってはいけない話が多かったので、ここで少し中断して、やるべきことをほとんどやり、やってはいけないことをあまりやらなければ、どういう結果になるのかを話してみたい。

新しい世界

これまでに述べたすべての落とし穴、前の数章で述べたような危険をすべて避けたものと仮定する。時間のゆとりも管理のゆとりも含め、ゆとりの必要性を明確に規定した組織を構築した。忙しいことより、対応の速さを重視した。人びとには多少の空き時間、仕事に追われていない時間がある。管理者は管理にやっきにならず、組織の中のイブたちには、みずからある程度の決定をくだし、ある程度のミスもする自由がある。これらのことはいずれも、多少の犠牲をともなう。その犠牲に対して、どんな見返りがあるだろうか。

ゆとりをうまく組み込むことによる効用を簡単にまとめると、次の点が挙げられる。

・柔軟性。組織を継続的に改変していく余地がある。
・人材を維持しやすくなる。
・投資する余地が増える。

これらは要するに、二次的な効果である。最大の効用は、対応が速くなることだ。しかし、環境の変化に直面したときの組織の敏捷性という点では、この3つは重要である。以下では、柔軟性から順に、これら3つについて説明する。

流れのなかの組織

この本を読んでいる読者の組織にも、少なくとも一人、あるいは数人ぐらい、変化への対応能力の重要性を熱心に説く上司がいるだろう。変化は挑戦であり、本物かどうかが試される機会であるという。柔軟性は一種の聖杯であるかのように語る。部下には、変化する環境にできるかぎり迅速に対応するために努力するよう勧める。変化をとらえ、順応し、適応し、調整するのだ、と。上司の演説が終わると、みな仕事に戻る。

たしかに、変化する能力は重要である。よいものにはたいてい金がかかるが、これもそうである。どれぐらいかかるのか。いま仕事でめいっぱい忙しい人たちの時間とエネルギーのかなりの部分。それだけである。

変化は投資である。変化に投資するには、その二つの重要な要素、概念化（設計ともいう）と実現のために金を払う。この仕事は、ふつう、変化のスペシャリストなどというエリートたちにはできない。変化しようという人びと自身がする必要がある。その理由は、それほど複雑ではない。変化は特別なことではない。変化のスペシャリストが取り組んだときにしか変化が起きないとしたら、組織の死は近い。変化する能力は、組織に有機的に組み込まれている必要がある。変化はいつでも、あらゆる場所で進行していなければならない。すべての人が変わっていく必要がある。

そのためには、すべての人に、変化に対応するための余裕が必要である。これは、自分の仕事が全体のなかでどのように機能するのか、どのように機能するべきなのかを考え直すために費やす時間である。変化が始まったら、新しい方法を実践し、新しい技能を身につけるために、さらに時間が必要である。これがコストである。メリットは、活力が増し、未来をしっかりとつかめることである。

ゆとりとは、変化に投資する手段である。ゆとりは、長期的な健全性のために犠牲にする業務能力である。

人的資本

健全な知識企業は、人材を維持する。たしかに、優秀な人材を維持するのが重要であることはすでにわかっているだろう。こうした重要な人材を一人でも失えば、プロジェクト全体や１年分の業績が危機的状況に陥ることもある。

管理者が人材確保の重要性について話し合うのを聞いているうちに、これらの管理者の多くは、優秀な人材を喜ばせることばかりに気を使っているのではないかという不安にかられた。重要なのは優秀な人材だけではない。全員が大事なのだ。全員に能力があるとか、だれも異動やクビにしたり、転職を勧めたりするべきではないと言っているのではない。だれかが自分の都合で辞めるたびに、組織は損害をこうむると言いたいのだ。

前に知識労働者は代替可能ではないと述べたとき、人材はうまく分割できない、いろいろな仕事を担当して、日ごと、時間ごとにあれこれ切り替えることはできないことを強調した。この理由の一つは、知識労働者が仕事につぎこむ重要な能力の一つに、「専門分野の知識」があることだ。その人が設計者であれ、製品管理者であれ、プログラマーであれ、ライターであれ、コンサルタントであれ、なんであれ、第一に特定の技能を、第二にその技能が使われる分野に関する系統だった知識をもっている。

その専門分野の知識が重要であるほど、その人は代替不可能である。いくつもに分割できないだけでなく、辞めた場合に簡単に代わりをみつけることもできない。

専門分野の知識に関する正しい考え方は、その従業員に対する組織の投資によって生まれた企業の資本資産であり、知識労働者の頭脳に対する投資であるというものだ。その人が辞めれば、資産はなくなる。この「人的資本」を厳密に会計処理すると、人材が一人辞めるたびに莫大な損失を計上しなければならないだろう。

人的資本の価値はいくらか

自分の下で働く部下たちの人的資本としての価値を数量化してみるといいだろう。グループの中で平均的な能力をもつ一人を考えてみる。仮にオリンと呼ぶことにしよう。オリンの専門分野の知識を評価するには、その知識を身につけた過程を数年にわたって追跡し、オリンにかかる報酬と間接コストのうち、資本とみなせる部分を計算する方法がある（残りは経費として扱う）。

こんな手間のかかることをするより、近い値を出す裏技を使おう。オリンが辞めると仮定するのだ。ある日、オリンがやってきて、今月いっぱいで辞めたいと告げる。オリンの仕事がなくなるわけではないので、管理者はあわてて後任の人材を探す。後任を仮にオリバーとしよう。オリバーはオリンが辞めた翌日にやってくる。初日は、自分の立場を理解するのが精一杯で（これも専門分野の知識の取得である）、実質的に役に立たないことは理解できるだろう。早く仕事を始めるためにほかの人の手を煩わせるため、役に立たないどころかマイナスである。

いずれ、オリバーが十分に仕事を覚え、本質的にオリンと同じぐらい役に立つと判断する日がくる。それまでにどれだけかかるかは、専門分野がどれほど特殊か、以前のオリバーの職場とどの程度違うかによって決まる。ここが一般的な保険会社の年金課で、オリバーがそれまで競争相手の会社で同じような状況で同じような仕事をしていたとしたら、1カ月もすれば完全に仕事を覚えるだろう。ここが私の顧客のある会社のように、特殊なパケット傍受ソフトを開発している電気通信会社で、オリバーが通信プロトコルについて通り一遍の知識しかないとしたら、オリンが辞める前にしていたのと同じだけ仕事ができるようになるには、2年はかかるだろう。オリバーがオリンとまったく同じ価値になるまでにどれだけかかるか、推定して紙に書いてみる。結果は月数で表す。オリバーへの投資の価値を、私は次のように推定する。

人的資本＝ふつうの速さで仕事ができるまでの期間
×（給与＋間接コスト）×50％

この期間のうち初日のオリバーの有用度は0％、最終日の有用度は100％なので、単に期間中は一定比率で有用度が上がっていくものと想定した。このため、完全に仕事を覚えるまで6カ月かかるとしたら、オリバーの専門分野の知識に対する会社の投資はそのうちの50％、つまり1カ月の総コストの3倍である。

見方を変えれば、オリンが辞めた場合、資本の損失は3人月分である。

人的資本と資本の損失

自分のすべての部下に、オリンの場合と同じように投資された人的資本があると考えよう。オリンが辞めた場合の資本の償却額に、オリンの人数を掛ける。これが人的資本の合計である。例を挙げよう。

知識労働者：30人
仕事を覚えるまでの平均時間：６カ月
人月当たりの平均コスト（間接コストを含む）：7500ドル
人的資本合計（30×６×7500×50％）：67万5000ドル

同様に、人が辞めることによって組織がこの資本資産を失うペースも計算できる。最近の離職率に、一人当たりの人的資本を掛ければよい。

人的資本の損失＝（オリンの）損失額
×１カ月に退職する人員の割合（％）

離職率が24％（１カ月当たり２％）の場合、損失は月１万3500ドルである。オリンが完全に仕事を覚えるまで、半年ではなく１年かかるとしたら、資本の損失は２倍の月２万7000ドルとなる。これは人件費全体（30×7500ドル）の12％にあたる。生産能力全体の12％が、失われた人的資本の補充に費やされている。この12％は、なにひとつ有益な仕事に使えない。このとおり、人的資本の損失が続けば、組織の業務遂行能力にとってかなりの負担となることがある。

ここまでの分析は、比較的変化の少ない組織の話である。状況が変化している場合、人的資本の損失はさらに大きくなる。組織を変えようとしている場合、変化を実現する人たちの頭の中の人的資本が増えるため、それだけ変化のコストも増える。変化の途中は、一人辞めるたびに、変化のない状態の２倍の損失が生じる。

ゆとりと離職率の関係に進む前に、プロジェクト業務を遂行する特殊な組織のケースに触れておこう。プロジェクトの場合、離職率の計算方法はやや異なる。第一に、習得すべき重要な専門分野が二つあるため、必要とされる専門分野の知識が多い。一つはプロジェクトによって影響を受ける事業の分野、もう一つはプロジェクト自体の分野（たとえば、技術など）である。さらに、プロジェクトは遠くない将来に終了するため、プロジェクト要員を思わぬ時期に失うと、業務への支障がさらに大きくなることがある。仕事を完全に覚えるまでの時間がプロジェクトの残存期間より長いとしても、だれかが辞めることによる人的資本の入れ替えコストを、プロジェクトが負担しなければならない。組織全体としてみれば、プロジェクトの終了間際にオリンが辞めた場合、人員を補充することに意味はあるかもしれないが、プロジェクトとしてみれば意味はないかもしれない。プロジェクト管理者は、オリンの代わりがいなくても、どうにか最後までこぎつける方が仕事が早く終わると気づくかもしれない。オリバーが仕事を覚えるまで育てる負担は、入社してからプロジェクトが終わるまでの短い期間では割に合わないかもしれない。

これらのことから、特別に優秀な人材でなくとも、人材を一人失えば重大な負担になりうることがわかる。同じ業界の中でも、企業によって離職率が3倍も4倍も違うことがある。離職率の高い企業は、膨大なロスに苦しんでいる。しかし、どんな対策があるだろうか。

流れをつかめ

人がそれぞれ違うように、辞めたり辞めなかったりする理由も十人十色である。しかし、退職者を面接したときにみられる共通の特徴は、辞める人が「使われた」と感じていることだ。ここに悩ましい逆説がある。企業が労働者の生産能力をめいっぱい引きだすことに成功するほど、離職と、それにともなう人的資本の損失の危機は高まるのである。

一方、人材が長く残る場合、個人の成長の魅力が動機づけになっていることが多い。組織が敏捷であること、変化を受け入れる健全な能力があることは、個人にこのような成長の機会を与えるための重要な要因である。

もちろん、ほかにも重要なことはある。人材をつなぎとめる力の強い管理者というのは、非常にカリスマ的で、ユーモアがあり、外見がよく、背が高いことが多い。したがって、ぜひともそうなるよう努力すべきである。このうちのどれもたいして改善できそうにないと思うのなら、部下の生活に多少のゆとりを与えることによって人材をつなぎとめることを考えるとよいだろう。

組織の自己投資能力

ここまで、2種類の投資対象について話してきた。変化のコストと、専門分野の知識によって表される人的資本である。このいずれも、一般の会計慣行では投資として処理されないため、こうした言葉を使うべき理由があるとしても、厳密には標準的な用法ではない。ほとんどの人は、投資とは、現金または流動資産を、会計士がきちんと投資対象として扱う流動性の低い資本資産に変えることだと考えている。たとえば、企業が手元資金か借入金によって本社ビルを新築した場合、その企業は投資したことになる。ほかの企業を買収したり、新しい領域に進出したり、新製品シリーズを準備した場合にも投資したことになる。

私の言葉の使い方では、すでに部分的に参加している市場でシェアを拡大した場合、自分自身に投資したことになる。そして、それまで参加しておらず、社内にはそうする能力もなかった市場に参入する手段を買った場合、他人に投資したことになる。たとえば、マイクロソフトがWindows NTを開発したのは、自分自身への投資である。フォードがボルボを買収したのも、自分自身への投資である。ビアトリス・フーズがモーガン・

ヨットを買収したのは、他人への投資である。IBMがロータスを買収したのも、他人への投資である。

既存の市場がすでに飽和状態か、それに近い状態にある場合、他人に投資することには大きな意味がある。成功例を二つ挙げるとすれば、これはGEやディズニーがつねにとってきた手段である。多くの大企業にとって、このような対外投資はCEOの特別な役割である。これについてどうこう言うつもりはない。だが、もっと小規模な企業が自社の製品分野以外に投資する場合には、はるかに不安が大きい。これは創造力の破産である。なかでも、株価が急騰して利用できる資本が増えた場合に、こうした傾向がみられる。この新しい資本を自社の守備範囲以外に費やそうとすることは、たいしたビジョンもなく、熟知している分野で成長する方法もわからないことを示している。

この創造力の破産は、創造のために必要な資源を確保できなかった結果である場合が多い。創造のために必要な最大の資源は、ゆとりである。企業が創造できなくなったら、それはふつう、人材が忙しすぎるせいである。

1円節約すれば……

ゆとりを排除し、企業を効率化する任務を負った人は、自分の仕事を正当化するために、財務上の利益をもちだす。1円を節約すれば、1円の利益になるというのだ。これが真実だと信じているのは、何度もそう聞かされてきたからである。おそれながら、この古人の知恵に真っ向から異を唱えてみたい。

「1円を節約しても、1円の利益にならない」

少なくとも、節約した分がすべて利益になるわけではない。企業が今年ヨットに費やす経費を削減すれば、それは直接利益に結びつくかもしれないが、研究開発費を削減した場合、話はまったく異なる。研究開発費は投資なのだから、それを削減しても、翌年の利益が今年に前倒しされるだけである。今年の利益は増えるかもしれないが、翌年から何年間も続くはずの利益は減少するかもしれない。将来の継続的な利益を現在価値に直すと、今年のコストをはるかに上回るのがふつうである。それが、研究開発に投資する理由である。どんな種類の投資であれ、1円を節約しても、1円の利益にはならない。

ゆとりは一種の投資である。ゆとりを無駄と考えず投資と考えることが、ビジネスを理解している組織と、単に忙しいだけの組織の違いである。

第II部 本当に速く仕事をするには

数年前にテキサス州オースティンで開かれたコンピューター関連の会議に出席したとき、ホテルのロビーで、友人で仕事仲間でもあるケーパーズ・ジョーンズに偶然出会った。私たちはふかふかの椅子を探し出して、ゆったりと1時間ほど近況を報告しあい、おしゃべりにふけった。ケーパーズは、複雑な開発プロジェクトのスケジュール管理と見積もりを専門とする一流企業の創立者である。この会社は、高度なパラメーター分析ツールを開発している。ケーパーズはノートパソコンを取り出し、ホテルのロビーで、最新バージョンのすばらしいデモを見せてくれた。このツールは、プロジェクトに関するいくつかの質問に答えると、予想スケジュール、人員補給パターン、中間成果物などを提案する。質問の途中で、なにを最適化したいかという指針を聞かれる。選択肢として、二つのラジオボタンが表示される。

・時間を最小限に抑える
・コストを最小限に抑える

いずれか一方を選ばなければならない。

ケーパーズは、「この選択肢のことで、クライアントからずいぶん苦情を言われているよ。どうしても時間とコストの両方ともを最小限に抑えたいというんだ」と言った。

ケーパーズは辛抱強く、二つの相互依存する変数を両方とも最小化することはできないと説明する。両方に加重値を掛けて組み合わせ、最小化することはできるが、そんなことをしても意味はない……。ここまで話すころには、クライアントは関心を失っている。

「『時間とコストの両方を最小限に抑える』という第3のラジオボタンを作りたい気持ちにもなる。もちろん、論理的には馬鹿げたことだが、みんなそれが必要だと思っている。この選択肢を作ったら、この二つの相対的加重について適当な想定をしなければならなくなる」

この第3のラジオボタンへの需要は、現代の経営の悲しい現実を物語っている。経済のあらゆる部分の管理者に、時間とコストの両方を最小限に抑えるために、あらゆることをはるかに速く、はるかに安くするようにと膨大なプレッシャーがかかっているのだ。論理的に馬鹿げていようといまいと、それが管理者に与えられた使命であり、従うしかない。

二つの互いに相いれない目標の板ばさみになり、どちらか一方を選ぶ余地がない場合、ストレスが生まれる。管理者はどこでもストレスを受けており、周知のとおり、ストレスは健康に悪く、人間関係に亀裂を入れ、判断力を鈍らせる。これはストレスが個人に与える影響である。それに比べ、ストレスが組織に与える影響は十分に認められていない。以下の各章では、ストレス過剰の組織の症状と行動のいくつかを検証する。これらの症状と行動には、健全性の低下、顧客や従業員との関係の悪化、さまざまな誤った判断などがある。

ストレスが問題である場合には、ゆとりが解決になる。この観点からみると、組織のストレスは、ゆとり不足の兆候以外のなにものでもないと思われる。必要なゆとりが足りないと、組織は狂乱状態になり、恐怖感に支配され、リスクを避けようとし、大切な従業員はもっと働くのに適した場所を求めて去っていく。

第7章　プレッシャーの代償

急がせる組織には、つねにプレッシャーがかかっている。管理者は、意識的にであれ無意識にであれ、このプレッシャーに貢献していることはまちがいない。自分自身に膨大なプレッシャーがかかっているのだから、それを下の階層の人びとに伝えてなにがいけないというのだ。また、プレッシャーを受け入れ、その中でがんばっていることを見せることによって、ほかの管理者にもさらにプレッシャーをかけている。ほかの管理者も、課題に対して積極的ではないと思われるわけにはいかない。

部下にプレッシャーをかける方法は何通りもあり、その中にははっきりそれとわかる方法もあれば、目に見えない方法もある。たとえば、次のような方法がある。

- 納期について圧力をかける（強気のスケジュール）
- 仕事量を増やす
- 時間外労働を奨励する
- 失望したときに怒る
- 一人の部下の並外れた努力に注目し、それをほかの部下の前でほめる
- 優秀な業績をあげなければ厳しい態度をとる
- すべての部下に大きな期待をかける
- 時間の無駄と思われることをののしる
- 自分が見本になる（上司がこれだけがんばっているのだから、ほかの人もいい加減な仕事はやっていられないに

ちがいない)
・望ましい行動や結果を奨励するためのインセンティブを作る

知識労働者に対する報奨制度には、管理のしかたがわからない管理者の哀れを感じる。まずなによりも、インセンティブはたいていとるに足らないものだ。「納期に間に合ったチームは全員、旅行などの商品と交換できる5000アドバンテージ・マイルを獲得できます」。ああ、そうですか。もし賞品が数百万ドルの現金で、プロジェクトを予定より早く完成した6人でそれを分けられるなら話は別だろう。目標を達成するためにどんな画期的な考えが出てくるか興味をそそられる。しかし、アドバンテージ・マイルだとか、記念プレートだとか、表彰状だとか、今月の優秀社員、今月の優秀チームといった中身のない賞がなんになるだろう。もうすこしまじめに考えろと言いたい。

こんなインセンティブでは、対象とする従業員の行動をなに一つ変えることはできない。しかし、「管理者は全員に急いでほしいと考えている」という明確なメッセージを伝えることによって、プレッシャーを増すことになる。ちょっと待った。プレッシャーが増して、行動が変わらないなどということがあるのか。プレッシャーをかけたのに行動は変わらないというのか。そんなことがありうるのか。ところが、ありうるのだ。それが私の言いたいことだ。プレッシャーを高めるためになにをしても、人の行動が有意義な方向へ変わることはない。

私も管理者時代のほとんどの期間は、こんなことを言われても信じなかっただろうから、読者がうのみにするとは思っていない。しかし、とにかく続きを読んでほしい。

プレッシャーとその影響のモデル

いろいろと間接的なつまらない手段でプレッシャーをかけるのではなく、非常にはっきりした直接的な手段を考えてみよう。机の横に巨大なレバーがある。レバーを押し下げると、部下全員に対するプレッシャーが増す。レバーを元に戻すと、プレッシャーは減る。レバーを一番下まで下げれば、プレッシャーは最大になる。さて、このレバーをどのように使うと効果的だろうか。

レバーをどちらかへ動かそうとするとき、おそらく管理者の頭の中のどこかで、こいつをめいっぱい下げて、そのままにしておけとささやく声が聞こえるはずである。厳密には、これはその管理者の声ではない。企業文化が管理者を通じて語っているのである。組織の間では、プレッシャーを増せばパフォーマンスが向上し、最大限のプレッシャーをかけなければ最大限のパフォーマンスは得られないという考えが常識になりつつある。この発想は、私たちの文化に深く組み込まれているが、現実に検証するとそのとおりにはならない。

この問題を解明するために、次の思考実験を提案する。あるプロジェクトを完成するのに、プレッシャーがまったくない状態で、3人でちょうど12カ月かかると仮定する。このシナリオでは、「できあがったら知らせてくれ」というだけで、なにもインセンティブは与えない。そして、12カ月で仕事は終わる。

さらに、まったく同じ技能をもったチームがいくつかあり、互いのチームについてはなにも知らないと仮定する。これらのチームに同じ任務を与え、実験のために、チームごとに異なるプレッシャーをかけてみる。プレッシャーのレバーの位置を記録し、それとパフォーマンス（仕事が完成するまでにかかる月数）の関連性を調べる。たとえば、100回の実験を行い、次の「プレッシャーと所要時間の関係」のグラフ用紙に結果をプロットする。最初からグラフに書き込まれている結果は1つだけだ。

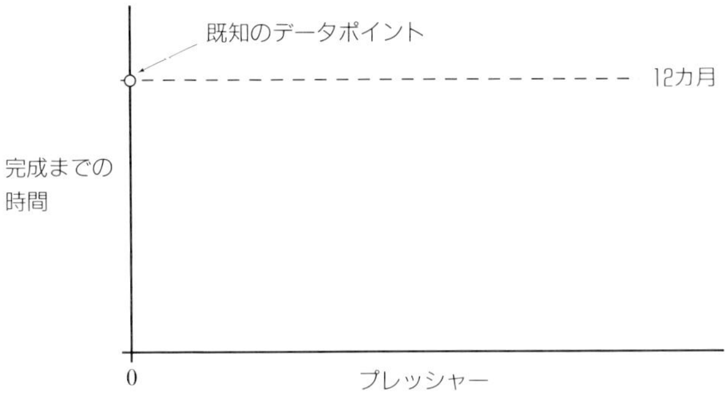

プレッシャーが完成までの時間に与える影響

続きを読む前に、ほかの99ポイントを書き込んだときにどんなグラフになるかを考えてみてほしい。グラフはどのような形になるだろうか。プレッシャーをかければ所要時間は減るだろうか。もしそうなら、どれぐらい減るのか。削減できる時間は限られているだろうか。具体的な仕事の内容については詳しく述べていないが、知的労働であることは覚えておいてほしい。プレッシャーをかけることによって、所要時間を25%以上減らすことは可能だろうか。50%はどうだろうか。所要時間を最小にするためのレバーの設定を決めたら、それをさらに押し下げたらどうなるのか考えてみよう。プッシャーをかけすぎる可能性はあるだろうか。つまり、ある程度以上のプレッシャーをかけると、仕事に12カ月以上かかることはありえるだろうか。

私の答えを教える前に、現在の常識を表すグラフを見てみよう。なにもこれが正しいと言っているのではない。むしろ、絶対にまちがっていると思っている。しかし、とにかく見てみよう。

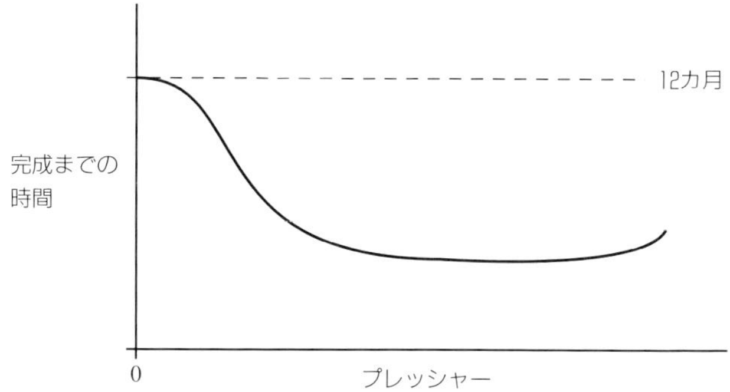

絶対にまちがっているモデル

この図では、プレッシャーには絶大な効果があるようにみえる。所要時間を50%以上減らすことができる。プレッシャーをまったく受けていない人が12カ月で仕事を完成できるとしたら、このモデルによれば、同じチームに十分なプレッシャーをかければ、同じ仕事を５カ月で完成できる。このポイントを超えてプレッシャーを増やした場合、メンバーはすでに最大限のスピードで仕事をしているため、それ以上の効果はない。しかし、特に害もない。最小限の所要時間に達したあとは、グラフはほぼ平坦である。正確にどれだけプレッシャーをかけるのがベストなのかを判断するのはむずかしいため、これが平坦だと助かる。このモデルに頼ると、プレッシャーをかけすぎるという過ちを犯しやすい。

このモデルでも、プレッシャーを本当にかけすぎると（グラフの一番右側）パフォーマンスの低下をまねくことはどうにか認められている。あまりにも理不尽だと、労働者が反乱を起こして仕事が遅れ始める可能性があるためだ。

リスターの法則

労働者がガレー船の奴隷で、レバーがむちだとしたら、むちを使うほど仕事のペースは上がると考えていいかもしれない。むちで打つほど船をこぐペースは上がり、もう限界でこれ以上は速くこげないというところまで達する。さっきのプレッシャーと仕事の速度の関係モデルは、少なくともガレー船の奴隷には多少あてはまる。

しかし、このモデルで働く人たちはガレー船の奴隷ではない。知識労働者である。ここで知識労働者に関するおどろくべき事実を伝え、ガレー船の奴隷とどのように違うのかを示したいと思う。この事実を理解した瞬間に、それが真実だと気づいていなかったことも忘れてしまうだろう。ずっと前から知っていたような気がするはずだ（しかし、ずっと前から知っていたのなら、どうしてあんなふうにプレッシャーをかけてきたのだろうと思うはずだ）。このおどろくべき事実は、私の友人で仕事仲間のティム・リスターが語ったものである。

> 人間は時間的なプレッシャーをいくらかけられても、
> 速くは**考えられない**
>
> ――ティム・リスター

考える速さは決まっている。なにをしようと、どんなにがんばろうと、考える速さは上げられない。

リスターのおどろくべき事実は、ガレー船の奴隷のモデルが、知識労働者にはまったくあてはまらないことを物語っている。頭脳による識別（知識労働の基本要素）の速度は変えられないため、プレッシャーに対応する潜在能力もきわめて限られている。労働者にできるのは次のことだけだ。

- 無駄な時間をなくす
- クリティカルパスにない仕事を後回しにする
- 夜遅くまで仕事をする

仕事のペースが上がらないのは残念だが、それが無理なら、プレッシャーに対するこの３つの対応方法はすべて建設的ではないか、と考えるかもしれない。たとえば、無駄を減らすことに反対する人はいるだろうか。私もそれには賛成だ。しかし、これらの行動の方向性は正しいにしても、その程度は限られている。知識労働者で構成される健全な組織では、いずれにしても従業員はあまり時間を無駄にしない。時間の無駄は、管理者だけでなく、労働者自身にとっても敵だからだ。労働者は時間の無駄を楽しむことはなく、むしろ不満に思うことが多い。プレッシャーがまったくかかっていない状況でもあまり時間を無駄にしていないとしたら、プレッシャーをかけたところで、たいした改善はみられない。同様に、人はまちがった順序で仕事をすることは少ない。知的労働者は仕事を完成することによって満足感を得られ、有意義な達成感を得たいという動機から、自然とクリティカルパスへ向かう傾向があるからだ。多少のプレッシャーをかければ、わずかに無駄な時間が減り、わずかにクリティカルパスへの集中度が高まるかもしれない。

しかし、夜遅くまで仕事をするとなると、別の問題である。この方法は、短期的にはたしかにめざましい効果をあげる。たとえば、一日だけ深夜まで仕事をすれば、その日の仕事量は、ふだんの日の仕事量の２倍になることもありうる。しかし、翌日も、翌々日も夜遅くまで仕事をした場合、同じことを実現できる可能性は低い。どのような場合であれ、いかに熱心な労働者でも、数カ月間にわたって、ガレー船の奴隷のモデルと同じようなパフォーマンス向上を達成できるほどの超過勤務を続けることはできない。一日にはそれほどの時間はないし、家庭や個人の生活の面でプレッシャーが高まり、すぐに適正なバランスに修正されるからだ。

適切なモデル

プレッシャーがパフォーマンスに与える影響をより現実的なモデルに表すと、次のグラフのようになると考える。

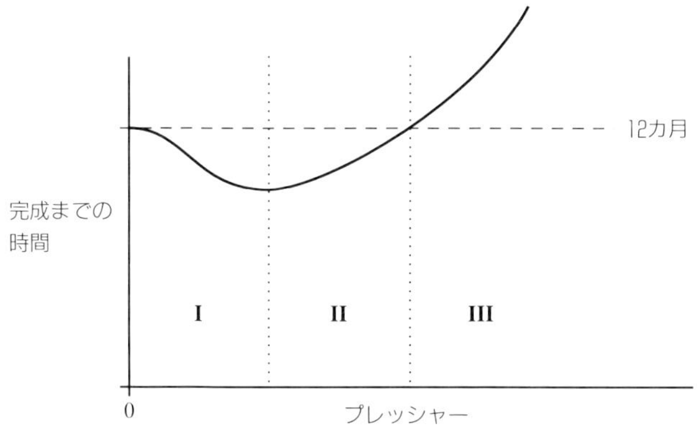

この場合、プレッシャーによって完成までの時間を短縮できる可能性はかなり限られており、せいぜい10〜15%である。また、過剰にプレッシャーをかければ、すぐにパフォーマンスは悪化しはじめる。このモデルは3つの領域に分けられる。

・領域Ⅰでは、労働者はプレッシャーの増大に対応して、
　残っている無駄を削り、クリティカルパスに集中し、夜

遅くまで働く。

・領域IIでは、労働者は疲れ、家族からのプレッシャーを感じ、少しずつ仕事の時間を減らすようになる（たとえば、勤務時間中に子供を歯医者に連れていくなど。いずれにしても、すでに会社のために使いすぎるほど時間を使っているのだ）。

・領域IIIでは、労働者は履歴書を書いて転職先を探しはじめる。

どういう意味があるのか

プレッシャーはパフォーマンスとまったく無関係ではないが、私たちの多くが考えるほど、少なくとも管理者になってある時期に考えるほど重要なものではないことはたしかである。レバーを押すことが管理の重要な要素だと考えている管理者は、管理の本質をほとんど見落としている。しかし、それは管理者ばかりの責任ではない。管理の仕事を始めた頃は、下層の哀れな人びとに絶え間なくプレッシャーをかけるより満足感の大きい仕事をしたかったはずだ。

プレッシャーを使うことを優先させているのは、ストレスの蔓延した組織である。組織が管理者に、過大なプレッシャーをかけさせている。プレッシャーをかけすぎると、長期的な影響として、重要な人材が士気を失い、燃え尽き、流出する。優秀な管理者は、プレッシャーをめったに使わず、また長期間にわたって使うこともない。

第8章 強気のスケジュール

私は1年間に、世界各地の大企業で進行しているプロジェクトを6件以上は訪問する。いずれのプロジェクトにも、できるだけ早く製品を完成するようプレッシャーがかかっているが、なかでも特にストレスのかかるプロジェクトがある。ストレスの大きいプロジェクトでは、あらゆる階層の人たちが、スケジュールが「強気」または「非常に強気」であるとしている。経験からいって、だれもがスケジュールを強気、または非常に強気としているプロジェクトは、かならず失敗に終わる。「強気のスケジュール」というのは、実は達成できる見込みがまったくない馬鹿げたスケジュールを意味する一種の暗号で、参加者はみな暗黙のうちにその意味を理解しているのではないかと疑うようになった。

ここで肝心なのは、そのスケジュールが馬鹿げていることが「証明できる」だけでなく、だれの目にも「明白」なことだ。そして当然、プロジェクトは1年か2年遅れて完了する。あるいは、出荷予定日を1年か2年すぎたところで中止される。いまでは「強気のスケジュール」という言葉を聞くと、そのプロジェクトは終わりに向かっていると思うようになった。

できない約束の倫理感

どうして管理者は、こうした「強気」の日程を約束する立場に自分を追い込んでしまうのだろうか。邪悪なハイド氏が柔和なジキル博士に取って代わるように、プロジェクトの約束段階でなにかにとりつかれてしまうのだろうか。すでにリスクの高い仕事を引き受けているのに、ぎりぎりの可能性か、あるいはそれすらない約束をして、事態をさらに複雑にしてしまう。

約束のプロセスにある管理者は、校庭でけんかをする前に虚勢を張ってみせる少年のようなものかもしれない。「ぶんなぐってやる」。「やっつけてやる」。「歯がガタガタになっても知らないぜ」。こうした虚勢は、そのあとのけんか（そもそも本当にけんかをすればだが）でみせる漫然とした戦いぶりとは矛盾するし、まして過去の戦歴とはかけ離れている。これができない約束をする管理者の問題だ。管理者は、過去に達成したことのない、将来も達成できそうにないレベルのパフォーマンスを約束する。

たまたまできない約束をしてしまうわけではない。企業は、管理者や企業文化の中に、できない約束をするという倫理観を意図的に植えこんでいることがある。先日、ある社外研修の場を訪れたとき、100人ほどの専門プロジェクト管理者が、一晩中F1レースのビデオを見ていた。壮絶なクラッシュや、死をぎりぎりかすめるような経験を映し出すビデオが、必要な数だけ揃っていた。F1は、参加者が命の危険を冒して、パフォーマンスの限界をわずかずつ上げていくスポーツだ。２位でフィニッシュしても栄誉はない。この会社は、管理者にこれらのビデオを見せることで、どんなメッセージを伝えようとしていたのだろうか。あきらかに管理者に死力を尽くすよう求めているらしい。なるほど、この管理者たちが管理するプロジェクトの多くが事実上死んでいるのも無理からぬことだ。

信仰

できない約束をさせようとすることは、外部の人間には奇妙に思えるかもしれない。それは部外者が、多くの管理者やプロジェクト要員に共通する信仰をよく知らないためだ。非常に強気な（つまり不可能な）納期を設定してプロジェクトを始めると、その期日には間に合わないかもしれないが、少なくともプロジェクトに悪影響は与えないという信仰である。そこで、たとえば、プロジェクトを12カ月で完成する予定で始めると、実際には18カ月かかるが、こう言って自分を慰める。「スタートでダッシュしておいてよかった。そうしなければ、まだこいつに関わり合ってただろう」

この考え方を「信仰」と呼んできた。宗教的な信仰のように、信者は疑問をもたずにこれを受け入れなければならない。実際、疑えば罪を負うことさえある。不信心な者にとっては、この考えはよくいってもうさんくさいものだが、信仰心のある者は信じなければいけない。プロジェクト管理者は、駆け出しのころに、最も不可能なスケジュールに向けて努力しても、なんら悪影響はないと教わっている。

私は信者ではない。不可能なスケジュールはプロジェクトにダメージを与えないという考えは馬鹿げている。たとえば、200平米の住宅を1週間で建てる計画を立てたら、そんなペースは現実と矛盾していると同僚に注意されるかもしれない。すると、私のクライアントの管理者の一人と同じようにこう答える。「だれが現実の話をしてる？　プロジェクトの計画の話をしてるんだ」

ざっと計算してみても、金曜日までに完成するつもりなら、現場には50人以上の熟練の大工が必要で、火曜日には金槌をふるっていなければならない。そのためには、月曜日には基礎を流し込み、どうにかして固めておく必要がある。それができなければ、火曜日には50人の大工は一日中、なんのためにここへ来たのかといぶかりながら施主を凝視することになる。まだ使うこともできない資材が届き、施主は大工に、資材を下ろして保管しておくように、場合によっては天候から守れる置き場を作るように指示する。配管する場所もないうちに配管工が現れ、配線するものもないうちに電気工が現れるため、彼らにも50人の大工が資材置き場を作るのを手伝うよう指示する。ようやく家が完成するころには、妥当なスケジュールで始めた場合に比べ、コストも期間もかかっている。すべてが終わったあとで、スタートでダッシュする戦略が成功したなどと自分をあざむかないでほしいものである。

責任の所在

スケジュールを守れなかった場合、責任転嫁に必死の人たちは、すぐに最下層の労働者を指さす。パフォーマンスは、すべて実際に仕事をしている連中の責任だという。そして「どうしてこいつらはスケジュールを守れないんだ」と嘆く。そもそもスケジュールがまちがっていたのだろうと答えても、混乱させるだけだ。スケジュールがまちがっているなどということはなく、パフォーマンスが悪いために期日を守れなかっただけだと信じているかのようだ。

まちがったスケジュールというものは存在する。まちがったスケジュールとは、守れない期日を設定するスケジュールのことだ。スケジュールの善し悪しを判断するには、とにもかくにもこれしかない。期日を守れなければ、スケジュールがまちがっていた。なぜ期日に間に合わなかったかは問題ではない。スケジュールの目的は計画であって、目標の設定ではない。計画どおりに作業を遂行できなければ、計画の意味はない。

まちがったスケジュールは、労働者ではなく計画者の責任である。労働者がまったくの役立たずでも、その能力不足を慎重に考慮した計画を立てれば、ダメージを最小限に抑えられるはずである。現実をまったく考慮しない計画は、役に立たないばかりか危険である。

スケジュールがまちがっている場合、それでも作業は進むが、計画とはちがった方向へ進む。その結果、プロジェクトには必然的に悪影響がおよぶ。スケジュールの虚構を少しでも長く生かしておくために、各部の作業がまちがった順序で遂行されたり、半分しか終わっていないのに終わったと宣言されたりする。計画と現実の差が小さいうちは、それもたいして重要なことではない。しかし、この差が大きくなった場合、たとえば、予定では１年以内に完成するはずのプロジェクトに18カ月か24カ月かかった場合、まちがったスケジュールによるダメージは膨大である。

責任は、スケジュールを達成できなかった人ではなく、スケジュールを立てた人が負うべきである。たとえば、新しいプロジェクトを１年で完成すると無理やり約束させたマーケティング管理者は、実際に２年かかった場合には責任を負うべきである。プロジェクトに非現実的なスケジュールを課すことは、企業にとって危険であり、そのスケジュールを押しつけた人も危険にさらされるべきである。

第9章　時間外労働

私が正式にフルタイムの社員として働きはじめたのは1963年９月３日である。早朝からベル研究所のニュージャージー州ホルムデル支社に出勤した。上司のリー・トゥーメノクサは、自分のオフィスに私を迎え、それまで何十人もの新卒者に聞かせてきたであろう、ちょっとした社会人入門講習を行った。最初に話したのは、正規の就業時間である。勤務は午前８時15分に始まり、午後４時45分に終わる。昼休みは１時間なので、１日７時間半、週に37.5時間ということになる。リーは、自分は８時15分の始業時間には厳しいと言った。「いいか、少しでも遅れるな。なにか理由があって遅刻する日があったら、２時間か３時間遅れてくるんだ。２、３分の遅刻は認めない。『遅れずに』出社するということは、８時15分にはここに来て働いているということだ」

その朝、リーのオフィスを出るまでに、私の真新しい労働倫理にあることが強烈に刻み込まれた。毎日、会社のために７時間半働く義務があるということだ。それ以上でもなければ、それ以下でもない。これが私の雇用の「契約」だ。会社に対して勤務時間をごまかすことは、会社が私の給与をごまかすことと同様、詐欺である。

なぜ７時間半なのだろう。この数字は、管理階層や福利厚生制度が組み込まれているのと同様に、ベル研究所の構造に組み込まれている。リーたち上層部は、検討の結果、７時間半という時間が社員を働かせるのに適正な長さだという見解に達したにちがいない。それ以下だと、利用できる資源を無駄にすることになる。それ以上だと、仕事の質が落ちるか、雇用「契約」の魅力が薄れ、入社希望者が減ったり、競争相手へ転職するベテランが増えると考えたのだろう。

時間外労働をしたり、ほかの人に勧めたりすることは、企業の本質的な要素の一つである基本設計の決定をくつがえすことになる。そもそも最初の決定がまちがっていたということであり、たとえば、７時間半では足りなかったということだ。つまり、同じ給与で１日10時間か11時間か12時間勤務させるように契約を変更すれば、組織のためになるはずだ。

この論理は、かなり疑わしい。世界中の企業は、知識労働者の就業規則を、おおむね１日７～８時間、週５日に標準化している。これを数分増やすか減らす分には、とりわけそうすべき正当な理由があり、その決定を裏づけるような経験的証拠がある場合には、難癖をつける気はない。しかし、企業が時間外労働を組み込む場合、それは１日数分といった話ではない。１日の勤務時間を大幅に、通常は40％か50％も増やす。しかし、正規の就業時間を変更し、この決定を制度化する勇気はまずない。自分を偽っているのである。

スプリント

ここで、たまに短期間集中して時間外労働をすること（私はこれを「スプリント」と呼んでいる）と、だらだらと時間外労働を続けることは区別しておいたほうがよい。スプリントは、状況によっては、十分に意味のあることだ。月曜の朝までにプロジェクトを完成するために、週末ぶっとおしで働くために出社してほしいと部下に話す。全員、徹夜で働くか、カーペットの上や上司のオフィスのソファで仮眠をとる。お互いの仕事を進め、チェックし合い（当然、みんな疲れてくる）、励まし合う。コーヒーを流しこむ。24時間営業の宅配ピザかサンドイッチを注文して分け合ったり、抜け出して夜遅くまで営業している中華料理店で麺類を食べる。たいていの場合、月曜の朝には間に合い、壮絶な週末が終わればいつもの就業時間に戻る。

企業の伝説は、こういうことから作られる。全員でやりとげ、貴重な成功体験を分かち合えば、組織の文化に大きな変化が起きる。週末の激務が遠い過去の話になっても、エネルギーは残る。

たまのスプリントを有効に使う管理者はヒーローである。スプリントに適したタイミングを心得ている必要があり、短期間でできることとできないことを完璧に見分ける感覚と（月曜に完成しなかったり、完成物が受け入れられなかったりしたら、何にもならない）、すべての業務をまとめる生来のリーダーとしての才能が必要である。さらに、このような管理者には、この機会に使える莫大な信頼の貯金が必要である。これは、この途方もない仕事が本当に必要なものであり、無駄になったり、定例行事になる可能性が低いと、全員がはっきり理解できることを意味する。

だらだらとした時間外労働

マラソンの最後にスパートすることには意味があるが、42.195キロのレースをすべてスプリントで走ることにはまったく意味がない。数百メートル走ったところで腹を抱えて地面をのたうち、数分以上あえいで息をして、ようやくつぎの短いスプリントのことを考えられるようになる。スパートしてはあえぎ、スパートしてはあえぎを繰り返してマラソンを走ったら、ふつうに42.195キロを走る場合の２倍は時間がかるだろう。

走ることならよくわかるが、スプリントと同じような時間外労働となると理解されにくい。短期間のスプリント（たとえば、徹夜仕事）を終えたばかりの知識労働者は、あえいでいる姿を隠さなくてはいけないからだ。知識労働者は仕事を続ける。疲れ果てた姿で、ひとり言を口走ったりもするが、とにかく仕事場にいる。または、人知れず姿を消して、自分の車の後部座席でひと眠りする。

「徹夜仕事」というのは少々極端な例だろう。時間外労働のパターンとして一般的なのは、次のようなケースである。月曜から金曜までは10時間か11時間働き、くわえて週末もかなりの時間働き、合計すると週に60数時間になる。この場合、毎晩ふつうに睡眠時間はとれる。会社に余分な時間を捧げたために犠牲になるのは、個人の生活である。この場合の「あえぎ」は、個人の生活からかかるプレッシャーの増大である。結婚生活にひずみが生じ、子供の行動は荒れ、やがて使われているという感覚が生まれる。今度も、企業文化はあえぎを隠すよう求めるが、隠しても存在するものは存在する。労働時間の目減り、非効率的な時間の過ごし方、品質の低下といった形で損害が表れ、そのうち人びとはあきらめてもっと気のきいた仕事を探しはじめる。

では、この損害は、その従業員が時間外労働をしたことによるプラス効果を下回るだろうか。もし下回るなら、いくらコストがかかろうと、だらだらと時間外労働をさせた方が、トータルでは組織にとって得であり、時間外労働をさせた管理者は優秀ということになる。管理がそれほど簡単なものであればの話だ。ところが、そうはいかない。

生産性を低下させる方法

だらだらと時間外労働をさせることは、生産性を低下させる方法である。１時間ごとの作業効果を低下させる。生産性の低下は、作業達成度について広く認められた尺度があるような知識労働を調べれば、大まかに数量化できる。

回路設計、建築設計、ソフトウエア開発などの分野では、初期段階の数値を目安に将来の作業量を予測するため、予測用の尺度が広く利用されている。たとえば、新しい回路のテストと検査の作業を、回路の接合点の数との関係でみると、次のグラフのようになる。

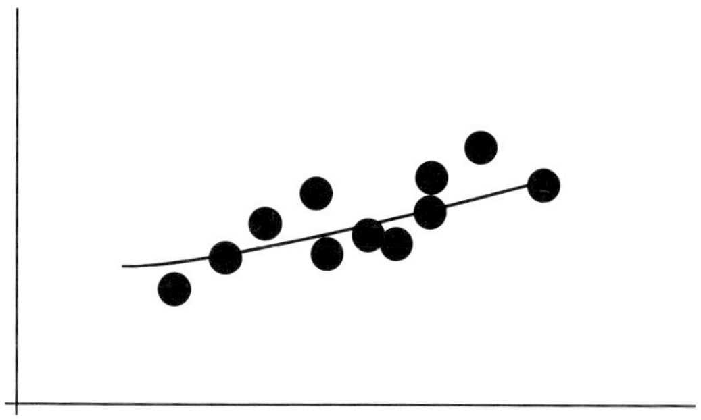

新しい回路の検査に必要な作業日数を予測するには、回路の接合点の数を数え、このトレンドラインにしたがって作業日数を予測すればよい。

このような尺度の関係を考案する人は、予測ライン周辺のデータポイントのちらばりを抑えるため、公式と手順の定義にとりわけ苦労する（グラフに対してポイントのちらばりがこれ以上大きければ、このグラフがさほど役に立たないことはあきらかである）。ちらばりを抑えるためにアプローチを修正することを「改良」という。考えられる「改良」の一つは、尺度の値を作業日数ではなく作業時間と関連づけるというものだ。作業日数が同じでも、プロジェクトによっては時間外勤務のために実質的な作業時間がはるかに長いからだ。しかし、調査担当者がこの「改良」を試みると、意外にもちらばりは減らず、かえって拡大する。このため、上記の３つの分野では、新しい業務の遂行のために必要な作業量を予測する際、時間外労働は明確に無視される。これはどういうことなのか、すこし考えてみてほしい。一部のプロジェクトは、ほかのプロジェクトより１日の作業時間が50％も長いが、この作業時間の違いを計算に入れても、ちらばりはたいして縮まらない。これは、１日に長時間働いたからといって、短時間働いた場合より多くの仕事はできないからだとしか説明のしようがない。

知識労働者の作業量を最も正確に予測するには、作業時間ではなく、作業日数を使う必要がある。1日に24時間働いても、1日8時間より多くの仕事はできない。時間外労働はごまかしにすぎない。

たいていの企業は、知識労働者には時間外の賃金を支払わないため、時間外労働によって得られる利益があれば、それはコストのかからない利益ということになる。これでは、ただより高いものはないという格言はうそということになる。しかし、たしかにただより高いものはないのである。

時間外労働が追加時間分の効果を打ち消すほどの悪影響をもつ理由は4つある。だらだらと時間外労働をした場合、かならず次のような影響がある。

- 品質の低下
- 人材の燃え尽き
- 離職率の上昇
- 通常の勤務時間における非効率的な時間の使い方

品質への影響

知識労働は、もちろん、思考集約型の労働である。新しい知識労働者の採用を検討するときには、候補者の思考の質がきわめて重要であることを暗に認めている。優秀な人材が、さほどでもない人材よりはるかに価値があるのは、そのためである。ただ、1日のうちに思考の質を高めたり落としたりする要因については、簡単には理解できない。なかでも最大の要因は疲労である。たとえば、ほとんどの知識労働者は、ミスをしやすい仕事は遅い時間にはやるべきではないという。そのような仕事ができるほど思考が明瞭ではなくなることがわかっているからだ。それがわかっていながら、ミスをしやすい仕事をすることも多い（疲労が戦術だけでなく戦略的判断にも影響を及ぼす証拠だろう）。

だらだらとした時間外労働は、企業が労働者にさせるだけではない。労働者がみずからする場合もある。このことは、仕事に深くかかわり執着することの、中毒性というか、エロティックともいえる魅力を考えなければ、とてもうまく説明することはできない。この手の仕事をしていると、判断力が鈍りながらもいい気分でいるという、「ハイ」の状態になりやすい。トム・ウルフがNASAの宇宙開発プログラムを描いた名著、『ザ・ライト・スタッフ』の英雄のひとりになった気分になる。

> 若いパイロットはみな、２、３時間ほど眠り、朝５時半には起きて、コーヒーを２、３杯飲み、たばこを２、３本吸い、震える肝臓にむち打って、また１日飛ぶために飛行場へ行く気分を知っている。二日酔いどころか酔いが覚めないままやって来て、酸素マスクを顔に押し当てて体内のアルコールを燃やし尽くそうとし、飛び立っていく。あとからこう言う。「人にすすめる気はないが、できないことじゃない」（ただし、それには適性というものが必要だ）

ここであきらかなのは、この「ハイ」と、異常に仕事に執着するようになる中毒性と、それによる疲労がすべて合わさって、個人の知的能力が衰えることだ。思考の質が重要なら、時間外労働はあまりおすすめできない。

ゾンビ

仕事以外のことでもそうだが、仕事に執着しすぎると、やがて燃え尽きる。燃え尽きた労働者は、なにもする気にはならない。時間外労働も、1日8時間の労働さえも。もはや仕事とは無縁の世界にいるのだ。なにかする余力が残っているとしたら、燃え尽きを隠すために、あるいは少なくともそのような努力をするために使う。しかし、実質的な仕事はなにもできない。ストレスのかかりすぎたプロジェクトを視察すると、スタッフの中にあまりにもゾンビが多いことにいつもおどろく。淡々と仕事をしてはいるが、もはや貢献はしていない。そのような人は、その企業の元スターであることが多い。

燃え尽きた労働者は、たいていは会社を辞め、次に述べる離職者に入る。しかし、全員がそうするとは限らない。ゾンビになって会社に残る場合もある。スタッフの大半がゾンビになればどうなるかはご想像のとおり。燃え尽きの多い組織には、しだいに重苦しくよどんだ空気が漂うようになる。

人材の移動

ほとんどの企業は、人材への投資を資本とは考えないため、離職によって失った人的資本のコストに気づかない。企業は、業務内容を説明するとき、次の最初の図のように特に重要な構成要素に分ける。企業紹介の担当者に「人材の移動はこの円グラフのどこに入るんです」と質問すると、うつろな表情で見つめ返す。そんなものはグラフのどこにもない。正確にいうと、すべての項目に分散しているので、目に見えないのだ。

コストの内訳を示す円グラフでは、分類のしかたが違うかもしれない。しかし、いずれにしても、人材の移動が入っていないことはたしかだろう。残念なことだ。きちんと図に示したら、管理者がショックを受けるほど大きな要素になると思われるからだ。

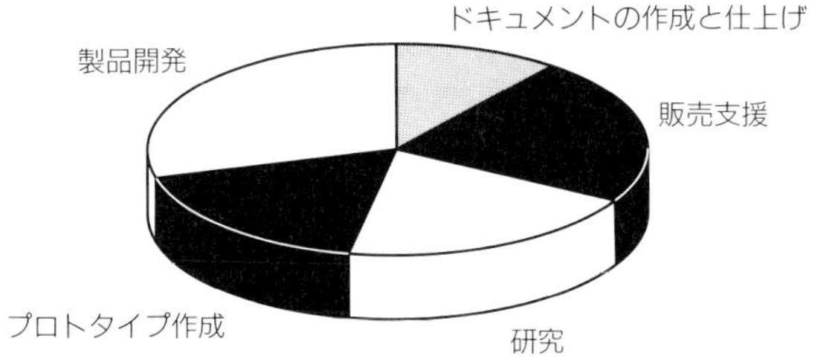

人的資本をきちんと計算し、その結果を使って人材移動のコストを数量化すると、コストの中で2番目か3番目に大きな項目になることが多い。

離職率は企業によって大きく異なる。たとえば、米国電気電子技術者協会が刊行している雇用比較調査によると、サンプル全体のうち離職率の低い方から3分の1に入る企業は、高い方の3分の1に比べて、離職率が半分以下である。

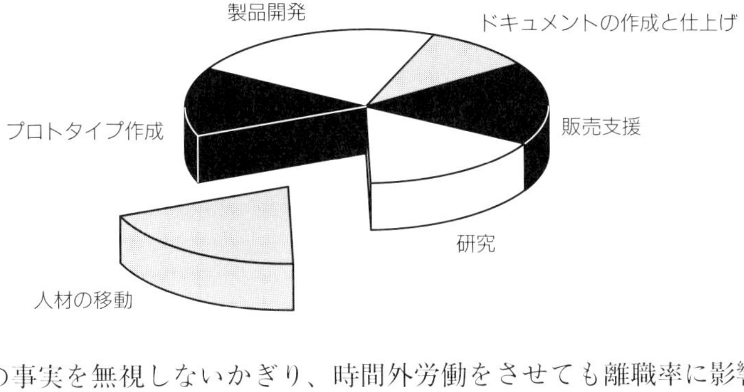

この事実を無視しないかぎり、時間外労働をさせても離職率に影響はないなどという安楽な幻想にしがみついてはいられない。企業が退職する社員を面接すると、退職理由として時間外労働が挙げられることが多い。使われているという感覚が強まり、家庭へのプレッシャーが増して生活の微妙なバランスが崩れてくると、辞めることを考えずにいられなくなる。たとえば、膨大な時間外労働をともなったデータ・ゼネラル社のイーグル・

プロジェクトの回顧録、『超マシン誕生』の中で、著者のトレイシー・キダーは、イーグル・チームのメンバーは、プロジェクトが終わってから1カ月以内に一人残らず辞めていったと書いている。最後まで残ったメンバーでさえ（途中で辞めた人が多いのだが）、自分たちをこき使った会社のために働きつづける気はなかった。

時間の浪費

だらだらとした時間外労働の隠れたコストを3つ述べてきたが、第4の「時間外労働の多い企業では、通常の勤務時間が浪費される」というコストに比べれば、これらはたいした問題ではない。時間外労働が週に30～40時間にもなると、日中の時間の無駄を減らすという管理者の衛生行動は、どういうわけか停止する。

私は、フォーチュン500にランクインしているエンジニアリング企業のクライアントを、人びとの時間外労働が多すぎるとしてたしなめたことがある。「時間外労働が禁止されて、それでもスケジュールを守らなければいけないとしたら、どうしますか」とたずねた。「そうですね、一つあります」と相手は即答した。「会議の多さをどうにかしないといけないのはたしかです」

私はしばらく沈黙し、いま即座に出てきた言葉の意味を、相手があらためて理解するのを待った。しかし、無駄だった。自分自身が言ったことを聞いていない。まったく理解していなかった。

この組織では、会議は単に問題というだけでなく、強迫的だった。あらゆる人材においてその勤務時間の約3分の1を会議が占めていた。多すぎるだけでなく、会議が大きすぎた。私が出席した一般的な会議で、30～40人の参加者がいた。この会社にコンサルタントとして来社した初日の最初の会合では、6人の講演者、プロジェクターとスクリーン、パワーポイントのスライド、ビデオ、製品デモがつぎつぎに繰り出される9時間ものプレゼンテーションに耐えた。すべて知らないことだったので、この9時間から得たものはある。しかし、ほかの25人の人たちは、特にひと言も発言しなかった十数人は、いったい何のためにこの会合に出席していたのだろうか。その理由をお教えしよう。この会社は、1部屋に25人以下しかいないところでは会議をできないタイプの会社だったのだ。そういう文化なのだ。

会議を大きくしすぎる文化は、社員が仕事を終えるために長く時間外労働をしなければ実現しない。時間外労働を削れば、健全化への第一歩になる。まず会議を減らし、次に会議の出席者を、その会議の目的である決定に必要なメンバーだけに絞り込む必要がある。

会議は、時間外労働企業が貴重な人材の時間を無駄にする方法の一つにすぎない。もう一つは、日中の時間帯、仕事の邪魔をすることを何とも思わなくなることだ。同僚が夜遅くまで仕事をすることがわかっているため、「通常」の勤務時間に平気で仕事の邪魔をする。その結果、だれも9時から5時の間には仕事が終わらず、時間外労働が増える傾向にある。真夜中に会社にいるあわれな社員は、正規の終業時間のあと、多少は静かになって実質的な仕事が少し進むことを期待して、自分の机に残っていたのだろう。組織が、通常の勤務時間中に邪魔と騒音の少ない環境を労働者に与えられないのは、残念なことである。

管理者の時間外労働

ここまでは、知識労働者の時間外労働について述べてきたが、管理者の時間外労働については触れなかった。しかし、実をいうと管理者も時間外労働をしている。部下に時間外労働をさせている場合、自分も同じぐらい遅くまで残業せざるをえないだろう。さらに、部下が自分のために汗水たらしている残業時間中にぶらぶら遊んでいるわけにもいかない。忙しくなければ、少なくとも忙しくみえるようにしている必要がある。

社員にとって時間外労働があたりまえになっている場合、その管理者は単なる仕事中毒であることが多い。毎日をあくせくと過ごし、昼食を抜き、 膨大な時間働きつづける。だれかの目を引こうとしているのだろうが、私の目ではない。それよりずっと目を引かれるのは、汗ひとつかかず、まったく忙しく見えない管理者である。私が指針にしている次の基本ルールは、訪れる企業のほとんどで実証されている。

> 働きすぎている管理者は、やるべきではないことをやっている。

彼らは主になにをしているのか。働きすぎの管理者の病理については、第12章で述べる。ここでは詳しく述べないが、手がかりだけ与えておこう。管理者が働きすぎている場合、管理以外のことをやっているのだ。自分を働きすぎの状態に追い込むほど、本来の管理の仕事はおろそかになる。

第10章　生産性計算のからくり

時間外労働の話をしたら、たいていの組織で、これらの超過時間の計算をするときに不正が行われていることに触れないわけにはいかない。知識労働者は、ふつう、時間外労働に対する報酬を受けていない。たいていは週40時間分の報酬だけを受けている。週に60時間働いた社員は、週末前のちょっとした儀式として、総勤務時間が40時間であると報告する時間記録簿なようなものを書かされる。時間外労働によって立派に目的に貢献したことは管理者も十分に承知していると言われながらも、タイムシート(「人事部に目をつけられないようにちょっと書いてもらうだけ」のもの)では、形式的に週40時間と報告しなければならない。

生産性と見かけ上の生産性

不正とは、一種の企業の自己欺瞞で、生産性の定義と関係がある。1週間に達成された仕事は、通常、実際の労働時間数ではなく報告上の労働時間数で割る。時間外労働のことは管理者も十分に承知していると言われた社員は、その管理者の業績判断に使われる生産性の数値に、時間外労働がまったく入っていないことに気づいているだろうか。

ここに管理者の不幸な力学がある。報告上の生産性は、部下に時間外労働をさせることによって、見かけ上は水増しできるのだ。部下に長く時間外労働をさせた管理者ほど、有能な管理者にみえる。

これで生産性を水増しできると思うこと自体、実体のないことである。時間外労働中は、労働者はほぼまちがいなく生産性が落ちるからだ。そこで、生産性向上の手段をとると、そのまま生産性の低下に結びつく。知識労働者による仕事は測定がむずかしいため、これはすぐにはわからないかもしれない。しかし、次のように考えてみてほしい。

◆生産性測定の思考実験◆

知識労働者が遂行した作業を測定し、TUMD（総有用精神識別度）という単位で表せる魔法のメーターがあったとする。これによると、ある社員は1日8時間で800TUMDを生産する。したがって、生産性は1時間当たり100TUMDである。

次に、どうにかしてこの社員に2時間の残業をさせたとする。残業中、メーターのTUMDはぐんと落ち込む。この社員は疲れ、集中力が低下している。9時間目には70TUMD、10時間目には30TUMDを達成するのがやっとである。したがって、1日10時間で合計900TUMDを達成したことになる。この日の本当の生産性は1時間当たり90TUMD（900TUMD / 10時間）である。しかし、報告上の生産性を使うとこうなる。

報告上の生産性＝900TUMD／8時間
＝1時間当たり112.5TUMD

実際の労働時間ではなく支払いの対象となる労働時間に基づいて生産性を測定するというまやかしは、生産性の低下をまねく「生産性向上」計画にそのまま結びつく。

異常な進化形

事態はさらに悪化する。実際には、TUMDメーターはない。ほとんどの知識労働には、労働者ごとに1日の有効な生産量を測定する客観的手段はない。優れた管理者には、部下がどれだけ貢献しているかを見抜く感覚があるかもしれないが、それを測定したといえる人はほとんどいない。仕事量の尺度がない場合、実際の仕事量を時間経過の一次関数で表す方法が一般的である。これによって、まったく異常な生産性の定義ができあがる。

$$「生産性」=\frac{労働時間数}{支払い対象時間数}$$

組織がはっきりとこのような「生産性」を計算することはめったにないが、業績の目安として管理者の前に掲げているのである。

しかし実際の世界では…

会社は時間外労働の報酬を支払わないため、夜遅くまで仕事をすれば、残業中に徐々に効率が落ちても、生産性（コスト当たりの仕事量）は上がると主張する人もいるだろう。たとえば、先の思考実験の労働者が2時間残業すれば、本当の生産性は低下するにしても、会社にとっては100 TUMDの仕事量が増える。したがって、会社にとってはコストを追加せずに生産量全体が12.5%増加したことになる。これのどこが悪いのだ。いや、そのとおり。ただし、コスト当たりの有効な仕事量が短期的に増加し、その水準を長期間にわたって維持できることが、TUMDメーターによって本当に確認できればの話だ。時間外労働のマイナス効果は、中・長期的に現れてくるものだ。

長期間にわたって長時間の時間外労働を続けると、その影響として、時間外労働中の生産量が落ちるだけではない。疲労の蓄積とモチベーションの低下によって、1日の肝心な部分でも仕事ができなくなってくる。結局、1日12時間で達成する仕事量は、8時間で達成する仕事量より少ない場合がある。この点については第9章で主張した。ここでさらに、時間外労働を無視したまやかしの生産性の定義は、パフォーマンスが低下する可能性を高めるだけだと主張したい。

第11章　掃除機の意味

妻のサリーと私は、サウスカロライナ州ヒルトンヘッドの海辺のこぢんまりとしたオープン・カフェに座っていた。昼食の最中、すべてのテーブルの会話が止まった。清掃係が、落ち葉用の掃除機をうならせて近づいてきたのだ。向かいのサリーは、不愉快そうな顔をした。私は男性があらゆる場面で使う肩をすくめる動作で、すぐにいなくなるさと伝えた。5分後、清掃係は掃除機の電源を切って姿を消した。

「いやな掃除機」。やっと訪れた静けさの中でサリーがつぶやいた。

「さあ、あれはあれで省力化装置だと思うが」

サリーは、男には目に見えるものしかわからないのか、といった目つきで私をにらんだ。「あれは省力化装置なんかじゃない。体面を保つ装置よ」

サリーは的を射ていた。清掃は世間でも特に地位の低い仕事である。清掃係がほうきか熊手を使って静かに作業していたら、みんな無視できただろう。これはほかの人たちにはよいことだが、清掃係にとってはあまりうれしくないだろう。清掃係は無視され、目に止まらず、地位はゼロである。しかし、掃除機を与えれば、全員の注目の的になり、自分だけに注意を引きつけることができる。仕事が速く終わるかどうかは、たいていの労働者には重要ではないだろう。清掃係の上司も同じように考える。地位がゼロの仕事に人材を確保することは不可能に等しい。うるさい機械を与えて自分のエゴを高らかに発散できるようにしてやれば、しばらくは残るかもしれない。

労力を節約するか、体面を保つか

島から帰ったあと、ほかに省力化装置といわれるもので、実は体面を保つ装置かもしれないものはあるだろうかと考えはじめた。どこでも使われているマイクロソフト・ワードなどのワープロはどうだろうか。ワープロが現れる前は、管理者は秘書に手紙、報告書、メモなどを渡してタイプさせていた。現在では、管理者はみな自分でタイプしている。それも、ワープロという省力化装置によって可能になったのだ。企業にとっては、秘書を雇うために使っていたコストを節約できたことになる。

しかし、実はそうではない。秘書がワープロを使わずにある報告書をタイプするのに1時間かかるとしたら、管理者がワープロを使っても1時間で同じ報告書を仕上げられるだろう。この時間の半分以上は、文章を考える時間とみなしていいだろう。いずれにしても管理者がしなければならない仕事だ。しかし、あとの時間はどうだろうか。管理者が余白をいじったり、スペリングを修正したり、表をページをまたがないような位置に入れたりする時間はどうだろうか。これらは本当は事務の仕事だが、いまは下層の従業員ではなくボスが自分でやっている。ついでにいうと、その管理者がワープロ・ソフトをインストールしたり、表計算ソフトとの相性の問題を解決したり、脚注などのめったに使わない機能の使い方を調べたり、グラフィックの周囲に文章を周りこませる方法を考えたりする時間はどうだろうか。

ワープロは省力化装置である（どうか私のワープロを取り上げようなどと思わないでほしい）。しかし、体面を保つ役割もあり、おかげで以前は事務の仕事と思われていた仕事を、高給取りの仕事に格上げすることができた。この切り替えによって、企業が断然有利になったという兆候はまったくみられない。

ワープロは一つの例にすぎない。現在、デスクトップ・コンピューターが片づけてくれる仕事のほとんどは、コンピューター以前の世の中では、事務員、タイピスト、郵便課の職員、図書室の職員、研究者、インターンなど、通常は管理者よりはるかに報酬の低い人たちが扱っていたものだ。現在は、パソコンが仕事の一部をやってくれるが、人間がパソコンを使わなければならず、パソコンのニーズを満たしてやる必要がある。

体面を保つ装置を使って、事務職を管理者や知識労働者の仕事に格上げすることにより、組織には低レベルの支援が決定的に不足する。千万単位の年収がある社員がコピー機の前に列をつくり、書類を整理してファイリングし、事務職でもできる仕事全般をやっている。最近訪れる企業のほとんどは、数人のアシスタントを雇えばもっと効率的になる。下級職の従業員のおかげで、6倍とか8倍の給料を稼いでいる社員の負担が減れば、組織にとっては万々歳である。

アシスタントの問題点

しかし、ここで問題の核心をつかんでおこう。アシスタントは「オーバーヘッド」である。今日雇っても、次回のコスト削減運動で消されてしまうだろう。最近は、「オーバーヘッド」というレッテルを貼られた人間を排除することにこだわるあまり、高給取りの知識労働者や管理者が、4分の1の時間を自分自身のオーバーヘッドとして費やす組織が増えている。これは経済的といえるだろうか。

低レベルの支援がないことは、知識労働者がチームを組んで作業をする場合、さらに重要な意味をもってくる。5人の開発者で構成されるプロジェクトを考えてみよう。

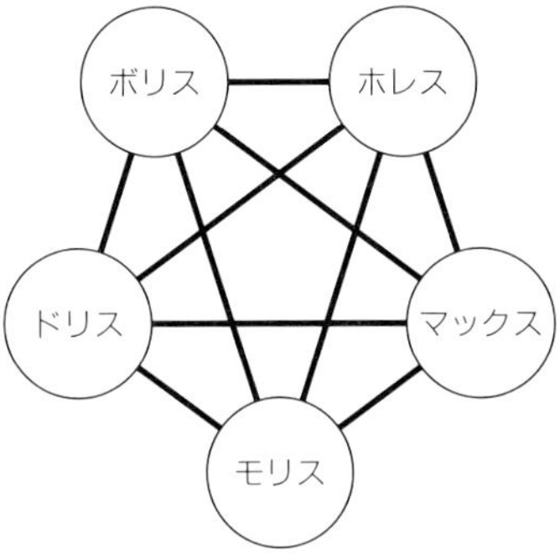

この5人で仕事を分担している。これぐらいの少人数グループの場合、仕事を分割するときには、かならず、チームの全員が全員と少なくともなんらかの対話をするだろう。つまり、1人が4人と対話することになり、対話の経路は全部で10通りある。

ここで、5人の開発者が各自20%ずつの時間を低レベル支援にとられていることに気づいたとする。事務アシスタントを一人雇えば、プロジェクトを多少スリム化できる。

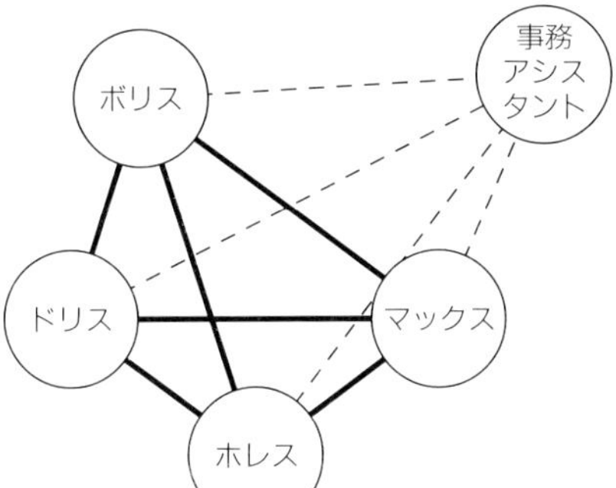

開発者は4人になり、開発者同士の対話の経路は6通りになる。加えて

各開発者は事務アシスタントと対話するが、この対話ははるかに薄く、開発者はさほど頭を使わないはずである。

仕事を５つではなく４つに分割すれば、対話に使う時間の総計を削減できる。したがって、４人のチームに事務員を一人加えた方が、５人のチームより生産能力が高い。また、開発者４人と事務アシスタント一人の方が、開発者５人のチームよりコストも低い。

トップの生活

1998年の早春、メーン大学の芸術科学部の新任学部長から電話があった。地元の「デジタル知識人」による特別グループを招集し、大学に新しい情報科学課程を創設することについてアドバイスしてほしいという。私は迷わず引き受けた。昼食を囲んだ顔合わせの場で、コンサルタントとしてのいつもの質問を学部長に向けた。「デボラ、ごくふつうの日にあなたに付いて歩いたとしたら、どんなものが見られるでしょうね」

学部長はほんの少し考えてからこう答えた。「１日の３分の１以上は、自分のための事務作業をしている人間が見られるでしょうね。コピー機の前に立ったり、ファイリングをしたり、使い走りをしたり……」。さらに、大学の予算節約のため、学部長には支援スタッフがいないと説明した。オフィス周辺でやるべきことがあれば、自分でやるしかないと。

私は「学部長がコピーをとっている」図を思い浮かべ、困ったものだと思った。これは学術界だけでなく、産業界でもあたりまえの光景だ。読者の職場でも見られるのではないだろうか。これを読んでいる間にも、高給取りの管理者やエンジニアや開発者やデザイナーのうちのどれほどが、事務作業に追われていることだろうか。自分の時間のうちどれほどがそういう作業に使われているか、考えてみてほしい。「この図はなにがまちがっているのだろう」と自問してほしい。

第12章 まちがった管理の第二法則

何の法則であれ、第一法則を知らずに第二法則の章を読もうという人はいないだろう。そこで、まずはそれを片づけておく。

まちがった管理の第一法則

うまくいかないことがあったら、もっとやれ。

まちがった管理の第一法則は、90年代のコンサルタントで作家のジェラルド・ワインバーグが述べたものである。政治のレベルでいうなら、アメリカの麻薬撲滅運動などはこの第一法則で説明できるだろう（たぶん、政治の世界で起きることはすべてこれで説明できる）。

企業の場合、第一法則が濫用されるようになったのは、才能を生かさずに管理をしようとした結果である。才能のある管理者は、こういうものにはだいたい拒否反応を示す。優れた感覚をもち、自分のリーダーシップが部下に与える影響につねに適応し、最大限の効果を得るために絶えず焦点を修正し、絞り込んでいる。うまくいかないことがあれば、それをやめてほかのことをしようとする。こういう才能のない管理者は、管理の公式や「原則」に頼ろうとする。「いまやろうとしていることはうまくいくはずだ。うまくいっていないのは、一生懸命やっていないせいだろう」と考える。そこで、いままでやってきたことをさらにやる。

第一法則はおもしろいし、たしかに最悪の組織が失敗する理由の一部は説明できるが、本質的に異常である。そのため、基本的に能力があり、向上をめざして努力している管理者には、有効な指針とはならない。コンサルティングの現場では、こうした優秀な人材といつも出会う。その中にも成功している人もいれば、失敗している人もいる。彼らが自分の強みを生かし、弱みと戦えるように支援に努めるのが私の役目だ。この章では、こうした優秀な管理者が、馬鹿ばかしいが非常によくある致命的な管理のミスを避けられるように、簡単にひとこと伝えておきたい。

だれもが犯す愚行

私や仕事仲間が管理者人生のなかで犯してきた最悪の失敗をふりかえると、すべてに共通して、無害とも思えるような罪があることに気づく。だれもが一度や二度はやってきたことだ。読者にも経験があるにちがいない。

まちがった管理の第二法則

自分自身のユーティリティー・プレーヤーになれ。

今日のストレス過剰でゆとりのない組織には、このような傾向が特に顕著にみられる。スタッフを削られ、切られ、減らされて、間接コストはスリムになり、すべての業務が超効率的になっている。その結果、自分の下でなにもかもとりしきっていた人もいなくなってしまった。ほかの部下はみな鬼のように忙しい。これ以上仕事を増やして負担をかけたくない。まして、上層部が重要性が低いと判断し、担当者を「削った」ような仕事をさせたくない。しかし、そんな仕事でもやらねばならないことに変わりはない。しかたないと、その負担は自分で背負いこむことにする。組織図をみると、次のようになっている。

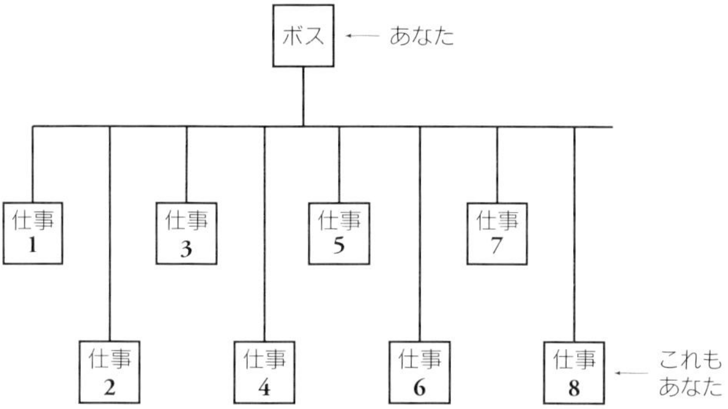

こうしたやり方について、はっきりさせなければならないことが２つある。

1．どうしてこれがひどいことなのか。
2．それなのにどうしてやってしまうのか。

管理者についてのジョーク

自分の部署で担当する人間がいない仕事を自分でやるということは、その部署を管理するという仕事を、少なくとも部分的に放棄することである。こんなことは管理者に言うまでもないはずだが、残念ながら言わねばならない。「管理は大事である」。たしかに、担当がいない仕事も大事だが、管理ほど大事ではない。部下にやらせるべき仕事を３人分も引き受けている管理者も知っている。いうまでもなく、これらの低レベルの仕事の出来はひどく、管理は全然、行われていない。

どうして管理者に向かって管理は大事だなどという必要があるのだろうか。少なくとも欧米では、管理者は、多額の給与が支払われていながら、組織を適正に運営するために本当に必要なものではないなどと言われている。それどころか、管理者はときには余計なものだと言われている。この点については、私が見たどの組織でも、ちょっとしたジョークが語られていた。「ボスが出かけているときはやまほど仕事が進む」「だれかローレンスに来週休暇をとるように言ってくれ、そうしたら締め切りに間に合う」など。こうしたジョークは、部下が管理者について言うだけではない。管理者自身も同じジョークを言っているのだ。

ささいなジョークも、その背後に少なくとも一片の真実がなければおもしろくもなんともないはずだ。その真実とはこうである。管理者は、顧客から代金を受けとれるようなサービスをなにもしていない、またはそのような製品をなにも作っていない。こうした仕事をしているのは、部下たちである。そのため、部下が仕事をしているところへ管理者が割り込むたびに、部下は一時的に、収益を生みだす業務を中断させられる。この中断は、長期的にみれば有益だろう（たとえば、新しい仕事のやり方を見つけるきっかけになったりする）が、短期的には気が散るだけだ。目先のことだけ考えれば、邪魔以外のなにものでもない。

こうした話はどこにでもあるが、管理者がそれに耳を貸す必要はない。自分の仕事をきちんとやるには、それとは正反対の態度をとる必要がある。管理はどうしても必要だと理解する必要がある。管理は必要なのだ。優れた管理は、健全な企業の身体を流れる血潮である。コスト削減のためにそれを排除するのは、生き血を与えて身を削るようなものである。

挑戦からの逃避

この愚かな第二法則を実行してしまうのは、管理がいかに大切かを忘れているからだけではない。ほかにも、はるかに重大な理由がある。その一つは保身である。ストレス過剰の組織では、管理をすることは**危険**である。仕事をしていなければ、製品を作るなどの低レベルの仕事をしていなければ、安全ではない。そこで、管理をするとしたら、パートタイム業務としてやる必要がある。残りの時間は製品を作り、収益に貢献する。収益に貢献していれば安全だ。そうすれば、管理に費やした時間もさほどマイナスにはならないだろう……最小限に抑えてさえいれば。これは、思慮のある管理者にはほとんどありえない図式だ。

ほかに、低レベルの仕事をする理由として、挑戦からの逃避がある。たしかに、だれでもいい意味でやりがいのある仕事は好きだが、だからといって、ときには怖じ気づいて逃げ出したくならないわけではない。管理にともなう挑戦はおそろしい。人間関係、動機づけ、社会形成、もめごと、紛争解決など、得体の知れない世界へ入っていくのである。

私の場合、得体の知れないものなどなにもない技術職から管理職へと昇進した。昇進前は、リアルタイム・システムの設計者だった。システム設計は実に白黒はっきりしている。設計したものが動くか、動かないかのどちらかだ。変化に対応できるだけの柔軟性と適応性があるか、ないかのどちらかだ。設計段階では完全にはわからないこともあるが、次の実装段階に入れば、自分の設計が受け入れられるかどうか（さらにエレガントかどうか）はすぐにわかる。どちらか微妙だなどということはほとんどない。

しかし、管理の仕事はすべてが微妙である。いったいどうしてマリアはあんなにいらいらしているのだ。アーマンドとエルウッドが気まずいのはどうしてだ。ダニーは転職先を探しているのか、もし辞めてしまったらどうしよう。この期日は厳しいが可能だと納得してもらえただろうか、それともみんな私の無知を笑っているのだろうか。この前の報告会議ではうまくしゃべれただろうか。急に上司の立場が悪くなったらしいが、私にはどういう影響があるのだろう。

こうした状況をすべてつかみきれていないうちに、部下のデザイナーが一人現れて辞めるという。すぐにその仕事を自分でやりはじめた。ふう、なんという安堵感。これで自分はただの管理者ではない。白黒はっきりした仕事をしながら日々を過ごせるのだ。これは世の中で最高の仕事だ。だが、そうではない。管理の挑戦から逃避して、よく知っている仕事に戻っていたのだ。あの安堵感は、逃げられたという安堵感だったのだ。

管理がむずかしい理由

管理の仕事をしていると、一度は第二法則の誘惑にとらわれる。それを乗り越えるには、重要な真実に面と向かう必要がある。管理はむずかしく、それはやるべき仕事が多いからではない（働きすぎている管理者は、ほぼまちがいなく、やるべきではない仕事をやっている）。管理がむずかしいのは、習得がむずかしい技能を必要とするからだ。それらの技能を習得すれば、低レベルの仕事以上に、組織に影響を与えられるはずだ。挑戦から逃げても何にもならない。

第13章 恐怖の文化

ウンベルト・エーコの14世紀を舞台にした魅惑的なミステリー、『薔薇の名前』では、巨大な図書館があることで知られる僧院で、僧侶がつぎつぎに殺害される。この僧院を訪れた学者、バスカビルのウィリアムは、図書館にアリストテレスの『喜劇論』の写し（現存する唯一の写し）があるという噂を耳にする。殺害された僧侶は全員、この写本を見たことがあると考えるべき理由があった。このため、ウィリアムは、図書館員のホルヘが犯人ではないかと疑うようになる。

この疑惑を裏づける証拠が現れ、ウィリアムはホルヘと対面する。ホルヘは、あの写本は危険すぎる、あのおそろしい内容が世に広まるようなことがあれば、だれもが我を忘れてしまうと言う。

「この書物が広まって……自由に解釈されるようになれば、最後の一線を踏み越えることになる」とホルヘは言う。笑いが「すばらしく、望ましい」ものであるというなどというのは、アリストテレスの異端的な考えだからだ。

「この笑いに関する議論のなにが、それほどおそろしいというのだ」とウィリアムはたずねる。

「笑いはしばしの間、農民［一般の人］に恐怖を忘れさせる。しかし、掟は恐怖によって力をもつのであり、恐怖の真の名は神への畏怖だ。この書物は、ルチーフェロの火花を打ち出し、世界中に新たな炎を飛び火させることになりかねない」

さらにホルヘは、笑いは恐怖を払い去るが、恐怖は救いを得るための唯一の希望だという。「神の賜物のなかでもおそらく最も深慮と慈愛に満ちたもの、この恐怖がなければ、私たちのように罪深い存在はどうなってしまうだろう」

結局、『喜劇論』は、ホルヘが放った火で燃やされ、さらに図書館全体が焼き尽くされる（おかげで私たちはみな無事である）。

神の賜物

『喜劇論』は燃えたが、残ったものもある。恐怖は神の賜物であるというホルヘのゆがんだ考えがそうだ。そうでもなければ、これほど多くの組織で恐怖が重要な位置を占め、尊重されていることをどう説明するのだろうか。これほど多くの組織で、職場を「恐怖の文化」が支配していることをどう説明するのだろうか。

恐怖の文化をもつ組織には、次のような特徴がある。

1．口に出しては危険なことがある（「このノルマを達成できるとはとうてい思えない」など）。それが真実であっても、言い訳にならない。
2．それどころか、その懸念が的中した場合、上層部の虫のいい願望がかなわなかった原因はあなたにあることになる。
3．ほとんど達成する見込みのないような強気の目標が設定される。
4．権力が常識に勝る。
5．服従しない者は罵倒され、おとしめられることがある。
6．全体として、能力のない人より能力のある人の方がクビを切られる。
7．生き残った管理者は特に怒っている。だれもが彼らとすれ違うのを恐れている。

これらのポイントを読んだ読者が、これはよほど極端な図式だと思ってくれるよう願っている。そう思ったとしたら、そこは恐怖の文化をもつ組織ではないと考えられるからだ（この図式が極端だと思えないようなら、お気の毒である）。

怒っている管理者

十分に健全な会社で働いている人には、恐怖の文化が、本当にこうして一章を割くほど頻繁に組織に生じていることをとても信じられないかもしれない。企業文化のうち14.3％とか8.8％とか26.923％が怒りに満ちているといった、手軽に示せる具体的なデータはない。しかし、上記のリストの最終項目だけとりあげ、管理者が怒っているというのが非常によくある現象であることを示すために、次の例を紹介したい。これは、全米の重要な動向を示す媒体、つまり機内誌のカラー広告ページにみられる例である。機内誌に長年にわたって何度も登場している広告の一つに、スーツを着た上級管理者らしき男性がテーブルの前に座り、ほかの上級管理者らしき人たちに囲まれているというものがある。この男性はかんかんに怒っている。頬は紅潮し、静脈が浮きでて、口はへの字にゆがんでいる。部下をにらみつけ、怒りをこめて「今度はどんな言い訳をする気だ」とたずねている。テーブルのほかの管理者は、困って下を向いている。

ページの下の方をみれば、これがデータイマーというスケジュール帳の広告であることがわかる。いろいろな機能がついたしゃれた手帳である。この広告が伝えたいメッセージは、なにかに遅れて上司に怒られたら、それはあなたのせいではないということだろう。たぶん、手帳の出来が悪いせいだ。このいまいましい代物には、十分な仕切りページもなければ見出しもなく、クリアポケットも足りない。それとも、リングの数が足りないのかもしれない。この広告に出ているような最新型の手帳さえあれば、このような場面は二度と起きないにちがいない。さあ、役立たずは捨てて新しい手帳を買おう。

これが、この広告が伝えようとしていることだ。しかし、私には少し違ったふうにみえる。私は、この広告の肝心なところは管理者が怒っていることだと思う。この広告のどこにも、この場面がいかに粗暴かといったことは書かれていない。まったく見苦しい場面だ。上司が人前で部下をしかりつけている。この管理者は激怒していて、それをみんなの前でさらしている。だれかかわいそうな男（この広告によれば、「あなた」）が、猛攻撃にあってしおれている。しかし、コピーライターは、この事態から距離をおき、「本当はこのような管理者の横暴は許せないが……」と前置きをする必要も感じなかったようだ。

この絵のかわりに、怒った父親が、ベルトのバックルで子供をはり倒そうとしている絵を載せたらどうだろう。さらに、それがただのベルト会社の広告だったとしたら。ベルト会社のコピーライターは、あわててこのような児童虐待は許せないと書くことだろう。とうてい許しがたい反社会的な行動から距離をおかずにいられないだろう。しかし、管理者が怒っている場面は、日常の職場の光景として描かれている。特に注記すべきことはなにもなく、職場では日常茶飯事の不幸なできごとの一つにすぎない。いつものことだ。

このような管理者の癇癪に説明がいらないということは、それがあたりまえになっているということだ。たしかにあまりいいことではないが、よくあることだ、とみなため息をつく。そう、よくあることなのだ。これが恐怖の文化の一つだ。

怒っている管理者は敗者であり、行き詰まって、どうやって指揮をとればいいのかさっぱりわからなくなっているあわれな無能者である。時間がたてば、自分自身の憤りの重圧で転落していく。しかし、しばらくは集中発生する傾向がある。つまり、少数の組織に高い割合で現れるのだ。わざわざこう言うのは、このような文化の内部にいると、いつも周囲で見ているような罵倒がほかの組織ではあたりまえではないことに気づかない場合があるからだ。しかし、あたりまえではないのだ。このような状況に出くわしたら、逃げることだ。人生はあまりにも短い。

恐怖の文化は、一度確立すると、健全なものや価値あるものにも影響を及ぼすようになる。成長は妨げられ、変化（改良）は不可能に近くなり、士気は皆無になる。意味のある業績があげられるはずもない。優秀な人材は辞めていき、新たに優秀な人材を雇っても、またこぞって辞めていく。

恐怖の文化が生む悪影響は数知れないが、ここで一つだけ詳しく取り上げよう。この問題に特に注意してほしいのは、すぐに重大な悪影響を及ぼすものでありながら、よく理解されていないからだ。それはなにかというと……。

人員過剰のパラドックス

ここで取り上げるテーマは、第II部全体のテーマでもあるが、ストレスが組織に与える影響である。ストレスの原因のうちわかりやすいものの一つに、人手不足があげられる。人件費が削減され、オーバーヘッドとなる職務は統合され、その結果、以前は11人でしていたことを９人でやっていかなければならない。これはたしかに、よくある種類のストレスである。

ストレス過剰の組織は、いつも人手不足だと言いたくなる。それがあらゆるストレスの第一の原因だと。そう言いたい気持ちはわかるが、そうではない。人員過剰が問題になる場合もある。人員過剰がストレスの原因であり、その対策の一環として余計に人手を増やしてしまうことがある。

これを理解するために、新しいプロジェクトの管理者に任命されたと想像してほしい。プロジェクトの目標は、会社の主力製品の真新しい、いままでとはまったく違うバージョンを開発することだ。もちろん、このようなプロジェクトを全力疾走以下のスピードで進めていいはずがない。このプロジェクトには会社の命運がかかっており、昨日のうちにも完成する必要がある。だが、昨日のうちに完成することはできない。しかし、来年の第３四半期末までには絶対に完成させなければいけない。この上級管理者の言葉は真に受けていい。社長自身が、製品は来年９月30日までに出荷すると公表している。これを記者会見で発表したため、いまやありとあらゆるビジネス誌に報道されている。

経験豊富な管理者の目でみれば、９月30日はなにがあろうと不可能だ。非現実的なスケジュールであるばかりか、まともな目標にもならない。管理者も、ほかのだれも、このスケジュールを信じていない。そこで、一縷の望みをもって、上司のところへもう少し余裕が欲しいと言いに行く。９月30日の期日には間に合いそうにないと告げる。「間に合わせなければだめよ」。頑として上司は言う。「期日に間に合うために必要な人員はすべて割り当てます。何人必要なの」

「設計者が３人、インターフェース設計の専門家が少なくとも一人、システム担当（アーキテクチャーのスペシャリスト）が一人、テストと品質保証の担当が一人、あとは自分を考えていました。最初はこの６人です。５月か６月からは20人ぐらい必要です。でも、この理想的な人員構成でも……」

「60人連れていきなさい。今日60人、年末までに150人。それならできるはずです」

ここでジレンマが生じる。挑戦状がたたきつけられた。おまえは60～150人のスタッフを管理できる一流管理者なのか、それともほんの少しのスタッフしか管理できない二流管理者の一人にすぎないのか。一つだけ確かなことがある。自分の立場を変えずに、当初予定の６人だけでプロジェクトを運営すれば、期日に遅れた場合、自分が挑戦を受けて立とうとしなかったせいだということになる。

プロジェクト業務の性質として、なにを作る場合であろうと、最初の概念設計が肝心である。しかし、このような概念設計の作業はおおぜいの人間ではできない。設計に関するおおまかな決定をくだす段階では、せいぜい６人程度で作業するのが適当である。この段階でプロジェクトにあと50人もつぎ込んでも、作業が遅くなるだけだ。さらに悪いことに、これだけの人材がいるからには、この人たちの仕事を見つけるのが管理者としての務めである。こうなると、悲惨な選択肢しかない。これだけの人数に仕事を割り当てると、いつまでたっても概念設計の段階から抜けられない。全体を分割する作業は設計の本質でもあるが、設計上の配慮ではなく、人員配置への配慮にしたがって仕事を分割せざるをえなくなる。その結果、凡庸、あるいはひどい設計ができあがることはまちがいなく、プロジェクトは早々と頓挫する。

なにが起きたのか考えてみよう。プロジェクトに人員を投入しすぎると、少人数の場合より完成までに時間がかかる。しかし、そんなことは重要ではない。納期を守ることなどたいした問題ではないのだ。大事なのは、**納期を守るためにあらゆる手を尽くしたようにみせかけること**である。この野心と欲望の時代に、わずかな（最適の）人数でプロジェクトを運営するのは、危険なことなのだ。

こんな馬鹿らしいことが起きるのは、企業のストレスと恐怖の文化のためだ。そして、事態はさらにひどくなる。続きをごらんあれ……。

第14章　訴訟

企業による訴訟、特に米国企業による訴訟がかつてないほど増えていることは、周知の事実である。しかし、現代の訴訟の多くに、恐怖の文化が大きく関わっていることは、あまり理解されていないだろう。たとえば、専門家証人や訴訟コンサルタントとしての経験からいって、ほとんどの訴訟では、当事者の少なくとも一方が恐怖の文化をもつ組織である。さらに、専門家証人の間には緊密な横のつながりがあるため、直接かかわった案件以外にも、さまざまなケースについて興味深い話を聞いてきた。私の感触では、米国企業の10社に１社にはかなりの恐怖があるが、訴訟にかかわっている企業の半分以上は、本当の恐怖の文化をもつ組織である。

訴訟ゲーム

運よくこれまで訴訟を経験したことのない人のために、常識的なことを簡単に説明しておこう。企業の訴訟には莫大な費用がかかる。両方の当事者にかかる法廷費用を合計すると、ふつう、最終決着で課される金額がかすんでみえるほどだ。どちらも勝者ではない。全員が敗者である。これは現代の訴訟の決定的な特徴といってもいい。かならず全員が敗者になる。訴訟の結果、得をする人はだれもいない。法廷費用はコストの一部にすぎない。訴訟の対象となった契約全体に使うはずだったのと同じか、それ以上の人的資源を、訴訟に費やすことになりかねない。訴訟はいつまでも続き、契約自体の当初期間より長引くこともめずらしくない。嘆かわしいやりとりがすべて終わるころには、どちらの組織の士気もすっかり落ち込んでいる。関係者はみな、意味のない破壊的なことに人生を数年間浪費したことを知っている。

では、なぜやるのだろうか。どうして訴訟を始めるのだろうか。物事がおかしくなってきた時点で、批判を受け入れ、ビジネスとして片づけられないのはなぜなのか。経験からみて、なにも得られないみじめな結末が予想されていながら訴訟を起こす重要な理由は二つある。

1．訴訟は、非難の矛先を定める有効な手段になる場合がある。組織の外部のだれかに責任を押しつけられなければ、組織の内部で責任を受け入れるしかない。きわめて政治的駆け引きの強い組織の場合、そのためには巨額の代償も辞さないことがある。
2．訴訟は、そもそも契約に欠陥があったために起きることがある。紛争の対象となる契約で、最初から一方の当事者が相手を食い物にしている。不当な扱いを受けた側が求めるのは、利益ではなく正義の裁きである。

この二つの理由には、あまり共通するものはないように思われる。さらに混乱をまねくのは、1番のタイプの訴訟が2番のタイプの訴訟であるかのように装われている場合があることだ。どちらが本当の理由だとしても、まちがいなく恐怖の文化が関係している。

責任転嫁の手段としての訴訟

バイヤー社とセラー社が、ナントカカントカの製造に関する契約をかわした。ナントカカントカの製造は、バイヤー社ではなくセラー社の得意分野である。そもそも、それがこの契約がかわされた理由である。しかし、契約が無事に完了するためには、バイヤー社の役割が重要である。バイヤー社が希望どおりの完成品を受けとるためには、ナントカカントカの要件を指定する必要があるにきまっている。また、完成品が要件にしたがっているかどうか、受け入れ検査をする責任もあるだろう。バイヤー社には、セラー社を選択した責任もある。最後に、バイヤー社には、本当にナントカカントカを使う必要があることを確かめ、大金を払ってまた失敗だった、とならないようにする責任がある。

バイヤー社が、責任を一つも果たせなかったとする。失敗は無から生じるわけがない。だれかの責任である。たとえば、だれかに正しい要件を指定する責任があったはずだ。この要件が不正確であったり、肝心な細部があいまいであったり、単にまちがっていたりすれば、バイヤー社の担当者が全責任を負わされる。

健全な組織の場合、ある程度の失敗は許される。たとえば、マイクロソフトには長年にわたって、「沈め、次に泳げ」という社是のようなものがある。社員は沈む（失敗する）ほどやまほどの責任を負わされる。次に、立ち上がり、自分の行動を分析し、修正するチャンスが与えられる。最後に、また同程度の責任を負わされるが、今度は成功する。最初に沈まなかった場合、課題が不十分だった証拠である。次回はさらに強気の課題を背負わされると思っていい。この方針を全社に適用していることに関しては、マイクロソフトの経営スタイルは、冒険スクールのアウトワード・バウンドのようである。失敗によって自分の弱点を知ることが、偶然の出来事ではなく、企業方針に組み込まれているのだ。

健全な企業は、従業員に失敗しても責められない機会を与える必要があることを知っている。そうしなければ、だれも安全確実なもの以外には手を出さなくなる。健全な企業はそれをわかっているが、恐怖の文化をもつ企業はわかっていない。恐怖の文化をもつ企業では、失敗には罰で報いなければならない（「恐怖がなければ、私たちのように罪深い存在はどうなってしまうだろう」）。一般的な罰は、クビである。上層部の力量が不足している場合、そのうちの何人かもクビになる可能性がある。このため、組織の外部のだれかを非難して、失敗の責任をなすりつけようという強力な動機が生まれる。先ほどの例のセラー社は、バイヤー社がまちがいだらけの仕様書で依頼したとおりのものを納品するが、こうした動機から、バイヤー社は役に立たないナントカカントカを納品したとしてセラー社を訴える。

このような訴訟は失敗するにきまっている、セラー社がまちがいだらけの仕様書を出してきて、この取引が憂鬱な結果に終わったのはバイヤー社の責任だと立証し、勝訴するにちがいないと思われるかもしれない。そう思ったとしたら、さっき話したことをよく読んでいなかったということだ。訴訟ではだれも勝たない。かならず全員が負ける。さらに悪いことに、訴訟は、比較的罪のない当事者が、比較的罪のある当事者よりひどい負け方をすることもある博打なのだ。それというのも、現代の契約というものが非常にこまかく複雑になっていて、論点の多さに裁判所が圧倒されるほどだからだ。結果は、訴訟の本案より、弁護団の質や主張のわかりやすさによって決まる可能性が高い。

裁判が終わるまでに、バイヤー社は失敗したプロジェクトのコストと、訴訟による追加損失を負うことになる。しかし、バイヤー社の一部の人たちは、非難の矛先を自分たちからセラー社へそらせることに成功したかもしれない。だらだらと続いた訴訟プロセスの末に、裁判所がちがった結論を出したとしても、そのころには、バイヤー社の責任者は昇進して問題の分野とは関係なくなっているか、自分の都合で会社を辞めているだろう。

責任について

恐怖の文化をもつ組織は、最低限の責任をだれかに負わせずにはすまないらしい。この最低限というのがどれだけか、会社の方針として明文化されている場合もある。たとえば、GEには、すべての管理者は毎年評価を受け、下から10%が解雇されるという方針がある。このような環境で成功するには、2通りの形態がある。自分が相対的によい成績をあげるか、ほかの人が相対的に悪い成績をあげるかである。組織図で自分と並んでいる管理者が失敗すれば、自分にかかるプレッシャーは軽減される。このような環境では、ほかの管理者の手柄になるようなことに対して、疑念をもつようになるのも当然である。

私が見てきた訴訟のほとんどは、訴訟を起こした組織（場合によっては両方の組織）の内部で争う利害関係者の間に、深刻な対立があった。たとえば、バイヤー社には、ナントカカントカが無事に導入されれば大きな利益を得る営業部門があるかもしれない。また、逆に損をするマーケティング部門があるかもしれない。そこで、マーケティング部門は（特にバイヤー社が恐怖の文化をもっている場合）、要件に独自の制約をいくつか加えたり、営業部門にとってとりわけ重要な機能にケチをつけたりする。こうして、要件が膨大になったり、質が落ちたり、あいまいになって、対立のどちらの当事者も満足できない代物になる。その結果、作業が遅れたり、予算をオーバーしたり、だれの役にも立たないものができあがったりする。大変だ、セラー社を訴えて上層部の注目をそらさなくてはいけない。

これまでの例では、どちらかというと非難を受けるべき当事者は、売り手ではなく買い手の方だけである。もちろん、これとは逆の場合もありうる。ナントカカントカの仕様はきちんと指定されていたのに、セラー社が、自分たちの能力不足のために適切な製品を納品できず、その責任を逃れるために、後から何箇所も変更をしたといってバイヤー社を訴えようとするかもしれない。バイヤー社は、法廷で堂々と、変更の量はふつうであり、予想の範囲内だと主張する。これは正しいかもしれないが、そんなことは重要ではない。非難の矛先をそらすことが最大の目的だった人を除いて、全員が敗者である。

契約書の欠陥

訴訟に終わる契約の多くには、どうしようもないほどの欠陥があり、どちらの組織もそもそもサインするべきではなかったといえる。こうした契約に最もよくみられる欠陥は、対価やスケジュールが非現実的であることだ。たとえば、バイヤー社とセラー社は、これまでのナントカカントカが完成したこともないような短い期間で、特注のナントカカントカを納品する契約を締結する。バイヤー社がこんな契約にサインした理由はわかるだろうが、セラー社についてはどうだろうか。

セラー社の動機を理解するには、企業本部より下の、実際の作業を遂行する下位組織を観察する必要がある。この組織は、おそらく市場全体が縮小するなかで、利益と成長をみせるようプレッシャーをかけられ、価格の引き下げか出荷の繰り上げによって、競争相手を出し抜くことを求められている。仕事を完成し、期限と予算どおりにナントカカントカを製造する責任を、組織内のだれかが負っている。この人物は、この仕事に割り当てられた時間と資金が足りないという不愉快な真実を伝えようと努める。恐怖の文化をもつ組織では、こうした考えは押さえ込まれるか、拒否される。「できないなどと言うな。やるのだ。できないというのなら、それができる有能な人間を連れてくる」

こう叫ぶのは権力者であり、組織図の上の方の人間である。権力者は、しばらくの間は現実以上の力をもっている。いずれ現実が確かめられるときがやってきて、その結果、またひと波瀾ある。訴訟である。

この場合、おそらく訴訟を起こすのはバイヤー社の側である。仕事があまりにもひどいからだ。11カ月で納品すると約束していたのに、35カ月たって予算を積み増したのに、まだなにもできていない。セラー社は、論拠もないのに反訴するだろう。両者がうまく裁判になるのを防ぎ、下請け業者のいずれかに十分な資力がある場合、第三者が訴えられることもある。事件の本質とはかけ離れた技術に関する混乱や電子メールに書かれたひどい言葉が取り上げられ、あらゆる当事者に対してこまごまとした法的責任がなすりつけられる。裁判官を混乱させるほどのネタがないときは、だれかが陪審を要求する。

けんか両成敗

この場合、悪いのはセラー社である。理性の声に耳を貸さず、最初から無理な約束で自分をしばったのはセラー社である。しかも、いま思えば公正な価格とスケジュールだったと思われる競争相手とバイヤー社の契約を阻止するという、腐った動機からである。契約を獲得して短期的な利益を受けるために、ひどい契約を結んだのだ。さらに、納期の延長を交渉しようとし、バイヤー社に予算の追加を要求し、あらゆる手段で責任逃れをする。

主に過失があるのはセラー社だが、契約相手にも多少の責任がある場合もある。私は裁判所がどのような決定をくだすか予想しようというのではない。バイヤー社が交渉のときに熱を入れすぎたことが、災難をまねく要因の一つだったかもしれないといいたいのだ。しかし、交渉とはそういうものではないのかという人もいるだろう。よく広告を見かけるような交渉セミナーでは、たしかにそのように教えるだろう。相手から積極的にしぼり取らなければ交渉は成功とはいえないと。相手からしぼり取ることは、いうまでもなく、恐怖の文化をもつ組織にとっては当然の目的である。そのため、結局は訴訟に終わることが多い。しかし、広い世界ではそのようなやり方に意味はない。

訴訟を避けようと思ったら、まったくちがった戦略で交渉する必要がある。特におすすめしたいのは、ヴァーナ・アレーが著書『知識の倫理学』で「公正取引の原則」と呼んでいるものだ。簡単にいうと、この原則は、どちら側からみても同じぐらい受け入れられる契約に到達する必要があるということだ。言い換えれば、どちらの当事者であってもサインしたいと思うような契約にする。上記の例では、バイヤー社には、セラー社が提示した価格とスケジュールが実行可能だと確認する責任がある。そうでなかったり、契約条件がセラー側に有利なように偏りすぎていたら、契約するべきではない。契約内容全体を十分に理解できず、判断がつかなかったら、契約を結ぶどころではない。

訴訟とゆとり

多くの訴訟の困った点は、ほとんどの場合、罪のある側の社員が、なにかがまちがっていたと知っていることだ。たとえば、最初から契約に欠陥があったこと、納期や性能目標が非現実的だったこと、途中でなんらかの手段で価格を引き上げるしかないことを知っている。これらの社員は、宣誓証言するからには当初知っていたことを隠すわけにもいかず、自分たちの論拠を崩すような決定的な証言をする。こうした社員の多くは、管理者に対して軽率な（つまり正直な）メモや電子メールを書き送っており、これがのちに訴訟相手に有利な証拠となる。

優秀な人材が、こんなひどい騒動に巻き込まれるのはなぜだろうか。まちがった契約（公正取引の原則が尊重されていない契約）の根本原因はストレスである。権力者が「４月までにできないなどと言うな。私は副社長だ」と宣言する。そして、権力によって現実を一蹴する。……すこしの間だが。階層の下の方の人びとは、少なくともしばらくの間、心配を隠していい顔をしようとする。

よい契約にはゆとりが必要である。売り手が期日までにXをすると約束した場合、相手は、その売り手が十分なゆとりをもっていることを確かめられなければ、危険を承知のうえで約束を受け入れるべきである。価格が異なる２社の売り手が現れ、安い方がゆとりをすべて削っているために価格がちがっている場合、安い方を選ぶと訴訟の憂き目をみることになる。同様に、自分が売り手だった場合、妥当に予想されるリスクをカバーできるだけのゆとりを契約条件に組み込んであることを確認する必要がある。

第15章 プロセスへの執着

「規格」はありがたいものである。たとえば、ルーセント製の新品電話機を買うと、前に使っていたパナソニックの電話機とまったく同じRJ－11という型のモジュラー・コネクターが付いていて、壁のジャックに差し込むことができる。前の電話機と同じ10個の数字キーと２個の特殊文字キーがついていて、同じ３×４の配置に並んでいる。同じマルチ周波数トーン信号を送り、信号とリングの電圧も同じで、同じチップとリングの配線方法を使う。住宅の電気を使う場合、壁のコンセントにぴったり合う標準プラグを使う。こうした標準仕様がすべて尊重されていなかったら、新しい電話機は役に立たない。同じメーカーが供給する電話設備のインフラに接続する以外に方法はないだろう。一つ変えるたびに全部変えなければならない。

広く採用された規格があるおかげで、コダックのカメラに富士のフィルムを入れても、コダックのフィルムを入れたときとすべて同じように使える。フロッピーディスク、カセットテープ、シャープペンシルの芯、電池、ホチキス、ガソリン、コピー用紙などは、数あるメーカーのどれを選んでも、使えない心配はない。規格はありがたいだけではない。現代の生活スタイルには欠かせないものだ。

では、プロセスの規格はどうだろう。規格がどこでも役に立つものなら、広告キャンペーンの作り方、従業員の能力評価の方法、コンピューター・ソフトウエアの開発方法など、現代の知識労働の世界を構成している無数の仕事のやり方も規格化してはどうだろうか。特定の仕事について、一つのやり方を採用し、従業員全員に同じ方法を使わせたら実際的ではないか。利点はあきらかだ。組織のなかで人材を入れ替えても、慣れた作業手順だから対応が簡単だ（1日に数回切り替えることもできる）。

標準プロセスの有効性を認め、あらゆる仕事を標準化するべきだというこの提案の価値は、すでに十分に認められ、私たちの周りには十分な前例がある。これは、プロセスへの執着につながりかねない。プロセスへの執着は問題である。プロセスへの執着は、時折起きる異常事態というにとどまらない。流行病である。プロセスへの執着は、現在の知識労働者組織では、風邪と同じぐらいよく見られるものである。そして、私にいわせれば、風邪と同じぐらいありがたくないものである。

ハウツーの規格

この章の冒頭に使ったたとえや、標準プロセスを支持するために広く使われているたとえは、知識労働にあてはめようとするとやや無理があることを述べておきたい。生活のなかで選択肢を広げるために使われている規格は、すべて「製品」の規格である。これらはほぼ例外なく、製品の製造方法ではなく、製品のインターフェース特性を制限するために使われている。つまり、富士はフィルム容器のサイズと形、フィルムの幅と感度、穴の位置、縁のなめらかさなど、何千もの製品特性について、ISOの規格に従わなければならない。そうしなければ、35mm、ASA400などと称してフィルムを売ることはできない。この規格は、富士にフィルムの製造方法を指示するものではなく、製造した製品の表示方法だけを規定している。具体的なフィルムの製造方法、生産ラインでどのような手順を踏むかといったことは、完全にメーカーに任されている。富士がフィルムを入れる前にカートリッジの柄をスプレー塗装し、コダックがフィルムを入れたあとでカートリッジの柄をプリントしようと、それぞれの勝手である。規格はフィルム製造のハウツーには干渉しない。問題は最終製品の特性だけである。

製造業では、ローカルなハウツー規格があることもたしかである。たとえば、アルミを押し出し成形する会社が、工場ごとに成形するパターンが違っていても、すべての加工工場で標準的な方法を採用したいと考える場合もある。このような製造プロセスの標準化に特に関心をもったのが、21世紀はじめのフレデリック・ウィンスロー・テーラーという機械エンジニアである。テーラーが1911年に著した『科学的管理法』は、半世紀前にライフルに役立った交換部品の原則を、工場労働の人間的側面にもあてはめようというものだ。テーラーリズムは、工場での作業を厳密に標準化し、プロセスの人的要素を、製品の部品と同じように交換可能にすることを求めている。

テーラーリズムを超えて

テーラーリズムは、1世紀近くを経てもなお、現在の製造業界に生き続けている。これが知識労働にいかに適していないかという話を以下に述べるが、現在の工場で広く使われていることはまちがいない。しかし、知識産業の話に移る前に、工場でテーラーリズムを乗り越えた二つの製造企業の例に目を向けてみたい。

1. 一社はボルボである。ボルボは80年代に、テーラーが卒倒しそうなチームによる自動車組立方式を考案した。労働者のチームに、1台の自動車を最初から作る任務を割り当てる（この「最初」とは、自動車は影も形もなく、組立ライン上に自動車が現れる空き場所があるだけの段階である）。チームは組立ラインにそって、同じ自動車をずっと追い続ける。自動車が移動すると、チームのメンバーの役割も変わる。溶接が必要なら溶接し、部品をボルトで締め、電気部品を配線し、メッキ、塗装、清浄し、内装やシートを取り付け、フロントガラスをはめ込み、ホイールとタイヤを装着し、バランスを調整してテストし、ワックスをかけて磨く。最後に、フェンダーの下部に、ペン先がダイヤモンドのペンでメンバーのサインを刻む。

　これは、ほとんどあらゆる意味でテーラーリズムから外れたモデルである。この自動車チームはスペシャリストではなくゼネラリストで構成されている。一人ひとりが幅広い技能を身につける必要がある。作業内容は日ごと、時間ごとにまったく違う。すべての自動車のごく一部ではなく、１台の自動車のすべてを自分のものと考えている。

2．もう一つの例は、アーカンソー州ジョーンズボロのポースト社のシリアル工場である。ここでも、厳密なテーラー法でも運営できる工場を、まったく違った方法で運営している。３チームによる３交替制で、８時間ごとに各担当チームが独自のやり方で工場を運営する。どのチームも同じ製品を作り、同じ目標に向かって進んでいるが、個々の業務をいつどのように遂行するかは、各チームに任されている。チームには、短期間ラインを閉鎖したり、集まってブレーンストーミングを行ったり、作業を進める新しい方法を考案する権限もある。

　いずれの例も、プロセスに対する所有意識が下の層へ広げられている。プロセスは企業の資産ではなく、チームの資産である。ただし、時間とともにチームとチームの距離が離れていく可能性があるため、チーム間で人材が移動するための柔軟性はやや失われる。この損失を補う要素は、労働者にとって仕事がはるかにおもしろいこと、製品や顧客との一体感が高まること、離職率が低下すること、チームや会社への忠誠心が強くなることである。

　つまり、テーラーリズムは工場労働に適していないということだろうか。そうではない。ただ、一番大事なものではないというだけだ。工場労働者にも人的資本は投入されており、しかも増え続けている。工場の人的資本を守るには、テーラーリズムがそもそも対象とした分野でも、その効果を考え直す必要があるだろう。

スター社員

知識労働は、テーラーリズムの対象ではなかった分野である。知識労働は工場労働とは違う。組立ラインはないし、これからもできないだろう。決められたルールは少なく、価値基準は主観性が強く、尺度はあいまいで、判断力がきわめて重要である。すべてがワイルドカードのカードゲームのようなものだ。知識労働はテーラーが研究したような仕事とは異なり、どちらかというと、テーラー自身の研究の仕事に似ている。発明、抽象化、言語化、多様な人間関係の熟達した管理が必要である。

ベル研究所の労働者を対象とした調査で、調査員がある部署のエンジニアたちに、仲間の中でスターを挙げてほしいとたずねた。彼らはスターの名前をいくつか挙げ、その人たちの作業手順がふつうの従業員とどう違うのかを説明した。意外にも、スターの仕事への取り組み方は、ほかの仲間とたいして違わなかった。純粋に仕事の面だけみれば、みなと同じ仕事をごく同じようにこなしていた。しかし、人とのつながりのネットワーク、つまり仕事を完成するために協力を求める必要のある仲間との連携網の管理のしかたが大きく違っていた。たとえば、不在中にスターから電話があった場合、みな通常よりはるかに早く電話をかけ直す傾向があった。このため、スターは20分で答えを得られるが、研究所全体の平均は約４時間だった。なぜスターは同僚や仕事仲間から注目されていたのだろうか。明確な答えは出なかったが、たしかに注目されていた。スターがはるか以前に、よいつながりを築くために必要な手順をとっていたことはあきらかだ。周囲に好意を示し、すばやく対応し、人間関係を大事にし、ほかの人が心から求めている事柄に気を配ってきた。

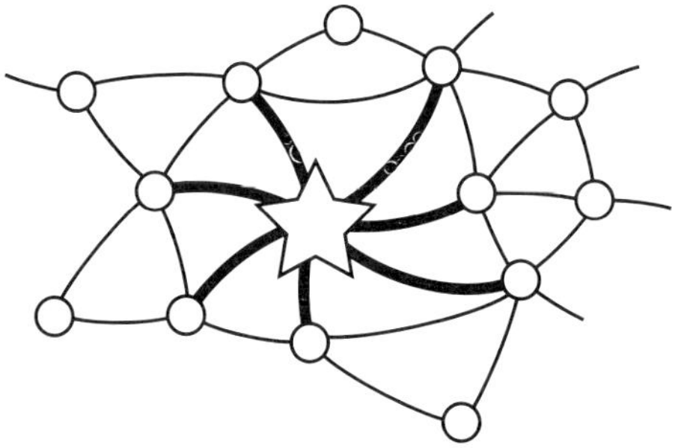

「スター」はほかの人よりつながりが豊かだった……

知識労働の標準的な方法を確立しようとすれば、仕事の手順に重点を置くことになる。しかし、手順は小さな要素であって、ふつう、全体の中でさほど重要な部分ではない。労働者のネットワーク図のうち、各ノードの中で起きていることは、ノードとノードのつながりがいかに広く豊かかということほど重要ではない。

自動化の導入

さらに、知識労働の環境では自動化が進んでいるため、さらに状況が複雑になっている。自動化を導入する際には、仕事の中でも特に機械的な要素を選ぶ（機械的だからこそ、自動化に適している）。新たに自動化を導入すると、人間がすべき仕事の全体量は減るが、**残った仕事はむずかしくなる**。これが自動化のパラドックスである。仕事を楽にするのではなく、むずかしくする。所詮、機械に任せられる仕事は簡単であり、残った仕事は、当然ながらあいまい複雑で、あまり機械的ではない。仕事を管理するために導入された標準的手法は、残ったわずかな機械的局面の遂行方法を、ときには微に入り細にわたって指示することになる。

プロセスの標準化は、きわめて感情的な問題に発展することもある。消えゆく特権に対するなわばり意識から、「プロセス戦争」が起きる。新しい標準プロセスが導入されたあとの仕事場は、さながら荒れ果てた戦場で、気まずい空気が漂っていることがある。ひとしきり騒ぎがかたづいたあとは、プロセスそのものに失望させられる。経験からいって、知識労働の標準プロセスは、かならずといっていいほど肝心の中身がからっぽだ。たとえば、新しいプロセスは、新しいエンジニアを面接、採用するための29の必須手順を規定しているかもしれないが、本当に重要なただ一つのことについては、なんの指針も示さない。それは、「この応募者は役に立つか？」ということである。設計の標準プロセスは、優れた設計を考案する方法はなにも教えてくれない（それを文書化する方法だけである）。従業員評価の標準プロセスは、部下と長期にわたって有意義な関係を築くためには役に立たない。テストの標準プロセスは、運用する価値のあるテストを考案する方法は教えてくれない。これらの標準プロセスはいずれも、要するに、「仕事のあらゆる部分をどうしなければならないか正確に指示します。……ただし、むずかしい部分は除く」と言っているのだ。

所有意識と権限委譲

企業はなぜ、状況に適していないため失敗するにきまっている事柄や、それどころか的外れのものにこだわるのだろうか。その理由は、効率や優れた慣行に対する配慮より、管理者の不満や恐怖と関係している。プロセスの規格を決めれば、所有権が確立する。私が上司で、部下になにも規格を押しつけなければ、実質的に部下にプロセスを所有させることになる。しかし、ちょっと待て。ここではボスはだれだ。私だ。それなら、私がプロセスを所有する必要があるのではないか。私が支配する必要があるにきまっている。

「権限委譲」という言葉に意味があるとしたら、それは、プロセスの所有権を、広くその仕事をしている人びとの手に行き渡らせることである。これは規格がいらないという意味ではなく、どんな規格ができるにせよ、作業レベルで発展するべきだということである。規格の所有権は、仕事をする人びとの手にあるべきだ。これは理想論であり、完璧に達成することは不可能だろう。大企業ではなおさらだ。しかし、いつも理想に向かって努力する価値はある。

これはおそろしいことでもある。私は管理セミナーを開くとき、管理者のグループに権限委譲について聞いてみることがある（みな権限委譲に好意的な反応を示す）。次に、この若い管理者たちに、「部下に権限を委譲すると、あなた自身の管理権は失われますか」と聞いてみる。すると、真顔でいや、管理権は失わないと答える。しかし、この答えにはまったく意味がない。権限委譲とは、かならず、管理者の手から委譲された相手へ管理権が移動することを意味する。すべての管理権を失うということではなく、一部だけである。危険を冒さずにだれかに権限を譲ることはできない。譲った権限には、まちがいを犯す権限も含まれている。相手が失敗すれば、その結果を引き受ける必要がある。逆の立場からみれば、こうして上司に傷を負わせる可能性があるからこそ、権限委譲がうまくいくのである。権限を譲り受けた人は、「大変だ、もしこれに失敗したら、ボスは私を信用したためにばかにされることになる」と考える。仕事の場で、これほどモチベーションに結びつくものはめったにない。

上層部から押しつけられるプロセス標準化は、権限搾取である。失敗をきらう恐怖管理の結果である。重要な事項を権力者（規格を決める人たち）が決定し、庶民に機械的に遂行させることによって、あらゆる失敗の可能性を避けようとする。標準プロセスは、失敗から身を守る鎧のようなものだ。失敗が心配であればあるほど、重い鎧を身につけることになる。

しかし、鎧にはかならず、動きがとりづらくなるという副作用がある。鎧をつけすぎた組織は、敏速に動く能力を失っている。こうなった場合、動けなくなった原因は標準プロセスである。しかし、根本的な原因ではない。根本原因は恐怖である。

第16章 品質管理

標準プロセス、恐怖の文化、人手不足と人員過剰、プレッシャー、時間外労働がすべて暗い影を落としていることはわかった。だが、品質管理はどうだろう。企業の品質向上プログラム「品質管理は最も優先すべき仕事である」という考え方はどうだろうか。これらはどう考えてもすばらしいことなのではないか。

ここ10年、品質管理は単なる「考え方」ではなく、「運動」にまで高まった。現在、品質向上運動のための会議、書籍、プログラム、セミナー、緊急勧告、うんざりするようなポスターに、年間何十億ドルという資金がつぎ込まれている。

これらのほとんどは、ちょっとしたリップサービスにすぎない。ここでいう品質管理は、アップルパイと母親の愛情のようなものだ。欧米の文化は、過去50年、アップルパイと母親の愛情の美徳をほめたたえ、その重要性を説いてきたが、その間にアップルパイも母親の愛情も凋落の一途をたどってきた。私たちがいま食べているできあいのビニール包装されたアップルパイを祖母の世代が見たらぞっとするだろう。そして母親の愛情など、特にスラム街や郊外の貧民街では、ありがたいどころかいまわしいものになっていることが多い。だれもが言い続けてきたにもかかわらずだ。余計なことは言わない方がいいのかもしれない。

私が考える品質向上運動の問題は、コストがかかりすぎるとか、組織のエネルギーを奪うといったことではない。本物のサービスがほとんどなく、リップサービスばかりであることだ。それに、この章で述べるように、いたるところで実施されている品質向上プログラムは、本当の品質向上を困難にするものである。

ゆとりがなければ、品質向上プログラムなど悪い冗談だ。予想よりはるかに時間のかかる仕事に対応する時間や人手がなければ、遅延の代償として品質を落とすことになる。ほかに選択の余地はない。プロジェクトの初期や中期で無駄にした時間は、あとの仕事を削って埋め合わせるしかなく、品質が犠牲になる。こうした妥協をする組織に対して不満な点は、いい加減な製品を世に出すことだけではない。最も納得できないのは、品質向上を妨げるような妥協をしていながら、品質向上に努力すると宣言するのをやめないことだ。

過去最高のソフトウエア製品は…

まず、品質を高めるのはよいことである。これにはだれも異存はあるまい。たいした故障もなくトヨタに乗り続けて25万キロを迎えた人や、いまだに快調に動くため捨てるに捨てられないマックが３世代分押入れに入っている人には、この意味がよくわかるだろう。手にしただけで喜びに震えるような美しい作りの製品を使ったことがある人にも、よくわかるだろう。

ここで品質の正しい定義を述べるのは簡単なことかもしれないが、そもそも定義というのはやや抽象的なものなので、それより例を挙げることにしたい。この例は、私自身のコンピューター・ソフトウエア製品のユーザーとしての経験によるものだ。ソフトウエア業界が生みだした製品の中にはすばらしいものもあれば、どうしようもないものもあることはご承知だろう。優れたソフトウエア製品の中でも、どれか一つ最高のものがあるはずだ。それはどの製品だろうか。私の知人の中には、候補すら挙げることができた人はいない。過去最高のソフトウエアがあれば、さらによいものを開発しようという人にとってすばらしいモデルになるのに、残念なことだ。私自身が考える最高のソフトウエアを挙げる前に、次の点を明確にしておく必要がある。まず、製品を開発した企業や、その販売によって利益をあげた企業の名前は重視しない。次に、メーカーやその関連組織とはいっさい話し合っていない。これから述べる私の選んだ最高のソフトウエアに異論を唱えるのは結構だが、その根拠には価値を見いだしていただければと思う。

その過去最高のソフトウエア製品とは……アドビ・フォトショップである。ご存じない人のために説明しておくと、フォトショップはデジタル画像を加工するツールである。露出、明るさとコントラスト、カラー・バランス、彩度などを変更できる。デジタル画像やその一部の色相変更、フォーカス変更、サイズ変更、シャープ、ぼかし、ハイライト、赤目処理、グレーレベル調整、色分解、印刷、パッケージが可能である。イメージの結合、重ね合わせ、影付け、重ね刷り、コラージュ、ソラリゼーション、ネガ化、フィルターなど、法的証拠としての写真の概念が根底から覆されるような正確さと精密さで画像を加工処理できる。

親しい人と二人で、だれもいない海岸で楽しい一日を過ごしたとしよう。記念に残すため、リラックスした表情が出るように、また背景をうまく生かすように気をつけて、お互いの写真を何枚も撮り合った。できあがった写真は期待以上のできばえだ。お互いに1枚ずつ最高の写真が撮れた。しかし、一人ずつ写したため、もちろん二人一緒の写真はない。なんということだ。

だがちょっと待て。フォトショップならなんとかなるだろう。2枚の写真をデジタル化して、一人の画像を抽出し、もう一方の写真に結合すればよいだけだ。

上の写真は、私の写真を当時のフィアンセの背後に挿入し、プリンスエドワード島の海岸に二人で座っている写真を合成したものだ。この日にシャーロットタウンで結婚式を挙げたため、この写真は二人の結婚記念写

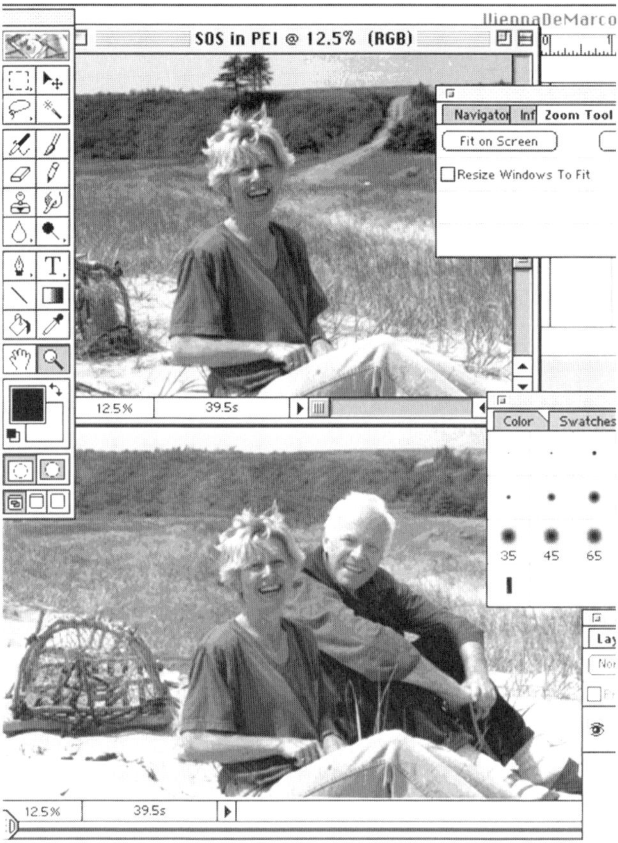

真になった。私たちはこの写真を、二人で一緒に座っているところをそのまま撮った写真のように大事にしている。

ここでなにが起きたのか考えてみよう。新しい製品は、ほかの方法でやっていたことを支援しただけではない。可能性に関する考え方を根底から変えたのである。

史上最高のソフトウエア製品としてあえて特定の名前を挙げるようなことをしたのは（信じてほしいが、ソフトウエア業界の私のクライアントにとってはおもしろくないだろう）、ある製品の品質が高いと判断する際のプロセスを説明するために、なにか具体的な例が欲しかったからだ。フォトショップを最高のソフトとして選んだのには、次の理由がある。

1．ユニークである。この製品が最初に発売された当時は、まったく類のない製品だった。
2．写真加工の概念を根底から覆した。
3．写真に対する考え方まで変えた（ヘレンはきれいに写っているが、マリーの写りがひどい写真も、捨てる必要はない。マリーの写りがよい写真と合成すればよいのだ）。
4．以前は想像もつかなかったことをできるようになった。
5．十分に工夫されている。特に、チャンネル機能はほぼ無限に応用がきき、その用途はいくらでも広がっていく。
6．完全に実装されている。たとえば、「元に戻す」機能を使えば、きわめて複雑な操作でも元に戻せる。
7．頭に入りやすいヒューマン・インターフェースを使っている。ほとんどマニュアルを使う必要もない。
8．サードパーティーのアドオン・メーカー向けにインターフェースを提供している点で画期的である。
9．きわめて安定している。

私がこのソフトを選んだ理由のうち最初の９つを、ほぼ重要度の順に並べてみた。これら９項目のうち、欠陥がないことと関係しているのは最後の一つだけである。これが肝心な点だ。製品の品質は、欠陥の有無とはほとんど関係がない。もちろん、基本的には優れた製品が、欠陥によって台無しになることはある（どの製品であれ、インターネット・ブラウザを考えてみるとよい）。しかし、本当の品質を決めるには、欠陥がまったくないかどうかより、ユーザーのために何をするか、ユーザーをどのように変えるかという問題の方がはるかに重要である。そのため、ブラウザは、腹立たしいほど頻繁にクラッシュしようが、品質の高い製品と見なすべきである。だからこそよく使うのだ。その品質は、なによりも有用性によって決まる。

企業の品質向上プログラム

本当の品質は欠陥とはほとんど関係ないが、いわゆる品質向上プログラムは、すべて欠陥と関係している。企業の品質向上プログラムの核心は、欠陥をなくすためのメカニズムである。成功すれば、欠陥がまったく、またはほとんどない製品を生産するのに役立つだろう。しかし、そのような製品はなにかの役に立つのだろうか。答えはイエスかもしれないしノーかもしれないが、いずれにせよ、品質向上プログラムのためではない。

これが品質向上プログラムに関して不満な点だ。品質のうち簡単に対策をとれる一面だけに注目し、ほかのことはすべて無視している。本当の品質にとっては付随的な要素にすぎないものに集中し、本当に重要なものは無視している。フォトショップの品質に関する９項目のリストを一般的なものと考えたとしたら、本当の品質向上プログラムとは、資源の９分の１以下を欠陥の防止と除去にあて、残りを製品の独創性、有用性、市場への影響、ユーザーの作業方式の革新などにあてるべきである。

それがどうした。なにもしないよりはなにかした方がましだろう。本当の品質の９分の１にしか対応しない品質向上プログラムでも、なにもプログラムを実施しないよりはるかにいいだろうと思われるかもしれない。ところが、これは、そうしたプログラムがほかの品質の要素になにも悪影響を与えないという前提に立った話だ。品質向上プログラムについて、本当にそう言い切れるだろうか。こんな恐ろしい可能性について考えてみてほしい。

- 欠陥の防止と除去業務がプロセス全体へのオーバーヘッドになり、市場のニーズへの対応が鈍くなる。
- 新技術が提案され、最初はその方が現行の技術よりエラーが多かった場合、それがはるかに便利なまったく新しい製品群を開発できる技術であっても、品質目標の観点から採用されにくくなる。
- リスクのともなう新しい活動は欠陥の増加につながる可能性が高い。このため、品質向上プログラムは、リスクをとるような計画とは真っ向から対立する。
- 品質向上プログラムでは、品質保証専門の組織とパートナーを組むことがある。これには、生産組織自身による品質管理がおろそかになるという二次的な影響がある。

これらのささいな問題より重要なのは、品質向上プログラムが品質の問題をすべて吸収してしまうことだ。品質向上プログラムを実施すると、「品質」という言葉がもつ不思議な力をすべてプログラムが担うようになり、欠陥の解消以外のことまで品質に関する議論を進められなくなる。その結果、組織全体に悪影響がおよぶ。新製品のすばらしさや便利さを後押しする意見は、事実上、黙殺されている。

品質とスケジュール

新聞で、自分の国のまったく新しい航空管制システムが、「きわめて強気」のスケジュールに沿って開発されるという記事を読んだら、どう思うだろうか。心の中で、「ちょっと待て。そんなに急がせない方がいいんじゃないか」とささやく声が聞こえるだろうか（聞こえない人は、あまり飛行機に乗らない人だろう）。

品質には時間がかかる。「欠陥がない」という意味の品質だけでも、時間がかかる。開発プロジェクトの品質向上プログラムは、なによりもまず、スケジュールの品質を保証するのが当然だろう。私はいつもそう考えている。しかし、これまでに出会った企業の品質向上プログラムや品質保証組織は、品質管理に割り当てた時間が妥当かどうかを判断する素振りもみせない。よくあるのは、品質管理の担当者が参加する前にスケジュールが決まっているケースだ。担当者が品質向上のためにすることは、期日（品質向上が可能か、不可能かはこれによって決まる）が決まったあとに行われる。

これではなにもかも順序が逆だ。順序を入れ替えた方がずっといい。品質保証組織は、プロジェクトの最初だけに参加し、スケジュールと作業手順が妥当であることを確認し、あとは姿を消す。

品質と数量

品質に時間がかかることに納得した人には、品質と数量が反比例することは意外ではないだろう。時間と経費が同じならば、品質が高まるほど数量は減少する。この関係があてはまらない夢のようなケースもあるが、通常はこのとおりである。

この関係から、品質向上のための大胆な戦略が考えられる。数量を減らすのだ。会社がなにを作るにせよ、その数を減らすのだ。数を減らすかわりに、どういうものを作るのかをはるかに慎重に選ぶ。アドビ・フォトショップのような品質のものを完成するには、大成功する見込みの薄いプロジェクトを除外し、開発する新製品の数を厳しく切り詰めるしかない。大事な製品だけを開発し、すべての資源をそのプロジェクトにつぎこむ。

それをきちんと仕上げるために必要な時間をかけ、コストをかける。

数を減らすだって？　抗議の声が聞こえてくる。「おい、たしかに品質は高めたいさ。だが、決まった人数の（もちろん、いずれも質の高い）スタッフを使わなきゃいけないんだ」。これが、世界的に有名な効率の専門家が最初に掲げた理念である。

「数量はそれ自体品質である」
——ウラジミール・イリイッチ・ウリヤノフ（レーニン）

レーニン主義者の言葉を現代のビジネス用語に置き換えると、こんなふうになる。「われわれは当然ながら、生産すると決定した製品は**すべて**生産する価値があるものと考えている。唯一の問題は、それらをすべて最高の品質基準に合うよう生産することである」

抽象的な響きはよいが、具体的な検証に耐える言葉ではない。私が訪れる組織のほとんどは、市場向けに開発する製品のほかに社内用の製品も開発しており、大事なものからどうでもいいものまで、多種多様の製品を並べてみせる。こうした組織の大半にとって、どうでもいい製品を切り捨てることは、最も重要な品質向上の手段である。

「数を減らしてはるかに慎重に作れ」という指示を納得するのはむずかしい。問題は、数量にともなう「品質」には「権力」があることだ。業務を縮小し、少数の重要なプロジェクトに集中しても、縮小した業務を運営することに変わりはない。このとき、権力の範囲は縮小する。人材が減り、スペースが減り、全体的に目立たなくなる。選択した製品が成功すれば権力は戻ってくるが、当面は後退する。

マイケル・スピンドラー指揮下のアップル・コンピューターでは、この不幸な品質と数量の力学が働いていた。同社はできるだけ早く製品の種類を増やそうとした。消費者の前には、戸惑うほどの型番とバリエーションが並べられた。いずれも、社内のささやかな権力の中心としては成功した。しかし、企業全体としては下降線をたどった。スティーブ・ジョブズが復帰すると、この力学を180度転換し、製品をiMacに絞り込んであらゆる資源を集中した。

品質低下プログラム

品質とは時間がかかり、数を減らすものなので、ある意味では非効率的である。効率最優先の組織は、品質を敵とみなす。多くの企業で、品質向上プログラムが、実は姿を変えた「品質低下プログラム」であるのは、このためだ。

品質を犠牲にして効率を高める一般的な方法の一つは、コストの一部を顧客に押しつけることだ。私はこれを「顧客から取れるだけ搾り取る」方法だと考えている。食事代を実質ゼロに抑えた航空会社（つまり、食事は自前で用意しなくてはならない）、コスト削減のため同じ料金のまま部屋を小さくするホテルなどがよい例だ。現代の産業では、コストの大部分は人件費なので、究極の効率化とは、従来は従業員の仕事だったことを顧客にやらせることである。私がそのようなケースに出会ったのは、私の会社で当時加入していたHMO（保険維持機構）、NYLケアとの取引だった。月次請求書に、聞いたこともない社員が一人追加されていた。すぐさまクレームを送ったが、NYLケアから送られてきた返事には、次のおどろくべき一節があった。

ご請求に間違いがありましたことをお詫びします。別のお客様の申込書を本社へ送った際に、御社のグループ

> 番号を記載しておりました。担当者が申込書に誤った番号を記入したものと思われます。記入されたグループ番号と一致しない申込書をいつ受け取ったのかはわかりかねます。弊社で受け取った申込書をすべて調査すべきところですが、一日に数千件の申し込みがあるため、不可能です。誤りは訂正いたしますので、請求金額から203ドル70セントをお差し引きください。差引金額は次回請求書に明示いたします。

特に気に入ったのは、「記入されたグループ番号と一致しない……わかりかねます」というところだ。チェックしなければわからないということだ。そして、ここに書かれているとおり、チェックには莫大なコストがかかる可能性がある。そのため、チェックの労力を巧妙に顧客に押しつけているのだ（こちらから請求書を送るべきだった）。

第17章 効率と効果

過剰なストレスを抱えた組織は、効率を追求するのに忙しくて、「効果」を追求する方法をすっかり忘れている。この二つはまったく違うものである。「効率的」とは、無駄を最小限に抑えてなにかをすることだ。「効果的」とは、適切なことをすることだ。一方をとって、一方をとらないこともありうる。効率的だが効果的ではない、効果的だが効率的ではないという場合だ。

もちろん、両方を実現することも可能だ。可能だが、容易ではない。二つのうちどちらか一方だけを選ぶ状況に立たされるべきではないが、実際にはそういう人が多いだろう。効率か効果か、どちらかを選ぶとしたらどちらをとるだろう。答えは簡単だ。効果的だが効率的ではない組織は、早くはないかもしれないが、着実に本当の目標に向かって進んでいく。その方向にどれだけ進むかは、効率の問題である。一方、効率的だが効果的ではない組織は、誤った方向に進む。最適化するほど、本当の目標とは違った方向へ進む。このような組織は、名捕手ヨギ・ベラの言葉を借りれば、「負けはしたが、意外に速かった」ということになる。

両方を手に入れるのがむずかしい理由

現実問題として、両方を達成することは、あらゆる組織にとって暗黙の目標である。なにをすべきかについて効果的な選択をし、その選択を効率的に遂行する。しかし、さまざまな企業文化にしっかりと組み込まれている考え方がある。きちんとできなくても、上層部にはわからないだろうという考え方だ。やらなければならないことなのだから、やっているにちがいない。組織が**正しい**方向へ進んでいるにちがいないと思わせるためには、組織がある方向へ**進んでいる**という事実を是が非でも示さなければならない。組織のだれかに、どの方向へ進んでいるのかと聞かれたら、困ったことになる。「方向が正しくなければ、そもそもこんなことをするはずがありません。いま必要なことは、全員が一致団結してできるだけ効率よくこれを進めることです」

ところが、どの方向であれ、順調に進んでいるからといって、慎重に考え抜かれた戦略的思考に沿っているとはかぎらない。企業は、多かれ少なかれなりゆきまかせのプロセスによって動き（動かされ）はじめることがある。社内のブラウン運動が相殺しあった結果、力の強い方向へ動く。戦略的思考となりゆきまかせの違いは、重要なことをよく考えて選択したか、考えなしに選択したかという問題である。

組織は考えなしに方向を決めている、戦術は正しいが戦略はまちがっていることが多いと、きびしく非難しているように聞こえるかもしれない。しかし、戦術は戦略よりはるかに簡単だ。戦術は単独で扱うことができる。会社のある部門の責任者は、その部門がいまやっていることをさらに効率よくすることはできるが、別のことをやるように独断で方向を変えることはできない。そうした変更は、上層部で決定する必要があるが、懸案事項の重要度に応じてはるかに複雑な決定をしなければならない。また、利害の異なるさまざまなグループから幅広く同意が得られるような決定をくださなければならない。これには、強力なビジョンとカリスマ的なリーダーシップが必要である。戦略ではなく、なりゆきで方向が決まる場合が多いことも、ビジョンのあるカリスマ的リーダーがめったにいないことも、おどろくにはあたらない。

これらを考えあわせると、多くの企業には、本当のリーダーシップは存在しないということになる。そうだとすれば、なぜそれが表面化しないのだろうか。なぜリーダー不在が目に見えないのだろうか。それは、私が「安直経営法」と呼ぶものの結果である。

> 組織全体の指揮をとることはむずかしい。しかし、指揮をとっているように見せかけることは簡単である。なりゆきで動いている方向を指さし、その方向へ進めと組織に命令すればよいのだ。

たとえば、ゼネラル・モーターズが小型車市場を海外の競争相手に明け渡したのも、80年代から90年代にかけて省エネ・エンジンや次世代燃料の開発に遅れをとったのも、安直経営法が機能していたためだ。

組織を効果的にすることは、単にむずかしいだけでなく、効率化と真っ向から矛盾することがある。これは最適化の不幸な副作用だが、これに最初に気づいたのが遺伝学者のR・A・フィッシャーであることから、現在ではフィッシャーの基本定理と呼ばれている。すなわち、「生物は適応するほど、新しい変化への適応性が低くなる」。フィッシャーが例として挙げたのはきりんである。きりんは高い木の枝で見つかる食物には適応しているが、新しい状況への適応性は低いため、動物園の地面に落ちているピーナッツを拾うこともできない。

生物（組織）が最適化するほど、効果的であるために必要なゆとりは失われる可能性が高い。

リスクによってさらに複雑に

効果と効率の矛盾が最も顕著に現れるのは、リスクの高い新しい計画が提案されたときである。リスクの本質は、これまで能力を高めてきた分野を離れ、素人同然の新しい分野に飛び込むことである。だからこそ危険がともなう。

現在のように市場経済が流動的だと、企業は積極的にリスクをとらなければ成功しない。しかし、効率を最優先していると、企業はリスクを回避しがちになる。「たしかに、この新しい有望そうな分野に進出する手もあるが、それには、ここ数年辛抱して慎重に進めてきた最適化による貴重な改良を犠牲にするしかない」と企業は考える。これはリスクをとることに対する強力な反対意見になり、そのために変化の計画が封じられることも多い。効率が勝ち、効果が負ける。

しかし、ちょっと考えてほしい。この章の冒頭で、効果と効率のどちらかを選ばなければならないとしたら、必ず効果を選ぶべきだと言わなかっただろうか。逆ではまったく意味がないと。それではなぜ、企業は繰り返し意味のない選択をするのだろうか。いったいなぜ、効果より効率を選ぶのだろうか。お答えしよう。それは、目標管理という経営理念があるからだ。

第18章 目標管理

目標管理は1950年代以来の流行だが、現在ではおおむね否定されている。しかし、消えたわけではない。いまなおいたるところで、運営方針を誤った企業が、たいていは意図とも希望とも正反対の結果をもたらすこの単純安直な経営手法にむしばまれている。しつこい病気がたいていそうであるように、この病気も、患者にダメージを与えるいくつかの要因が揃うと活性化する。また、いつまでも治らない。目標管理を行う企業は、四半期ごとに失敗するたびに、さらに目標管理を強化する傾向がある。利益が目標に達しないと、やむをえない市場要因のためと言い訳するが、数値で表した目標の一部が継続的に達成されると、たとえ業績が惨憺たるものであろうと、経営が成功している証拠として声高にうたわれる。

目標管理入門

目標管理のしくみを紹介しよう。企業の各部門または部署の業績に、一つないしはいくつかの数値基準が設定され、それを目標と呼ぶ。目標を基準として管理し、各指標を目標値に近づけることが管理者の役割とされる。指標が目標値を達成するか上回ると、その管理者は成功したといわれる。

目標管理を行う企業の中で、製造部門の目標は組立ラインの完成個数の最大化、販売部門の目標は販売個数の増加、マーケティング部門の目標はコスト当たりの広告範囲拡大、人事部門の目標は従業員一人当たりの間接費の最小化ということもありうる。

この場合、各要素の目標に向かって進めば、利益、成長、企業の健全性といった組織全体の目標に向かって進歩できるということが前提になっている。

停滞状態

目標管理は、必ず「停滞状態」、つまり組織の現在の定常的な状態にもとづいている。目標管理は、「すべて去年と同じことをやるべし。ただし、今年はXをもっと増やせ」というメッセージを送るものである。Xの増加を目標として設定するということは、経営陣は、ほかの条件はなにも変わらないとして、Xが増えた分だけ利益が増えると判断しているのだ。

停滞を続けるのは、目標管理の核となる仮定がそもそもまちがっているためだ。組織全体が成功しているかどうかは、低レベルの目標を単純に合計して考えればよいと無邪気に信じているためだ。ほぼあらゆるものが変化せずに停まっていないかぎり、このような仮定はまず成り立たない。経営陣は、現在の方式を1年か2年試してみなければ、目標を設定することもできない。目標値の基準になるものがないためだ。指針となる安定したモデルを使えなければ、「低レベルの目標の単純な合計」を定式化することはむずかしい。

しかし、停滞したまま少々の特殊要因を加えても、ニュー・エコノミーで成功する処方箋にはとうていなりえない。現在成功している企業には、停滞している要素はほとんどない。たとえば、「生産」という概念そのものがなくなりつつある。生産とは、定常的な状態を思わせる言葉である。しかし、状況は絶えず変化している。新たに組織の中心的要素になっているのは、プロジェクトである。絶えず変化の中にある企業は、プロジェクトの集合体とみることができる。それぞれのプロジェクトが、なんらかの変化を起こそうとしている。

物事が単純だった時代には、プロジェクトはある状態から別の状態へ移る手段だった。プロジェクトによって以前の状態は崩壊するが、新しい状態が確立されれば、それは長期間続くと考えられた。現在では、新しい状態などというものもない。

目標管理は、ある状態が続くことを前提にしている。変化はわずかずつしか起こらない。戦術的な調整のより所にしかならず、現在の戦略がどのようなものであれ、それを変えてはならないという制約付きである。これではまちがいなく滅亡への道のりを歩むこととなる。

ディスファンクション

目標管理のもう一つの誤った仮定は、企業の部門のように大規模で複雑なものの貢献度を、一つの指標（進んだ目標管理企業の場合、二つか三つの指標）でおおむね正確に表せると考えていることだ。

目標管理の目標は、必ず単純化された近似値である。一般的な部門を構成する数百人（数千人の場合もある）の従業員による貢献度の総計は、数量化するには複雑すぎる。一つの数値で表せるはずがない。しかし、心配するな、とにかく数字にしろというのが目標管理である。業績をできるだけ単純な数値にし、それによって複雑な現実を表せというのだ。たとえば、選択した指標「X」は、企業全体の健全性に対する組織の実質的な貢献度の合計「C」を表す。Xが向上すれば、Cも向上すると仮定すればよい。

この仮定は、ほかの条件はなにも変わらなければ、Xが増えた分だけ利益が増えるという前述の仮定と同じである。ただし、問題なのは、「ほかの条件」がつねに変化することである。たとえば、ある部門が仕事量の増加を目標にしている場合、それによって人材の離職率が上昇するかもしれない。それによる悪影響が、仕事量の増加分を上回る可能性もある。こうなると、Xは向上するが、Cは下降する。これが、ハーバード大学教授のロバート・オースティンが「ディスファンクション《機能障害》」と呼ぶものだ[*1]。

オースティンは、次の典型的な（おそらく架空だが）例を挙げている。ソ連の釘工場を管理する委員会が、これから生産する釘の数を最大化すると宣言した。工場は過去最高の数の釘を生産したが、どれも豆粒ほどの小釘だった。なんてことだ、ディスファンクションだ。目標は達成したが、全体的な満足度は低下した。こんな小釘をやまほど必要とする人はいないため、委員会は目標管理の目標を変更した。これからは、工場は釘の生産重量を最大化すると宣言した。今度も工場は目標を達成したが、鉄道用の大釘ばかりを生産した。またしてもディスファンクションだ。10号の釘を必要としている気の毒なロシア人大工たちは、いまも待ち続けている。

目標管理の信者は、ディスファンクションは目標管理に固有の問題ではなく、単に実施のしかたがまずいのだという。そのような人たち（現代の委員会）は、ディスファンクションが発生すると、目標を修正し、再設定してからやり直す。

信者たちは、50年も目標管理を続けておきながら、いまなお修正と再設定を繰り返しては結果を待っている。私は、目標管理が失敗し続けているのは、目標管理に固有の問題だと断言する。組織にとっての目標管理は、経済にとってのソ連式中央計画だ。とうに時代遅れになった考え方である。

追伸

目標管理を批判したのは、私が最初ではない。組織を変革に導く「14の

＊1　ディスファンクションの詳細については、ロバート・D・オースティンの画期的な著作、『Measuring and Managing Performance in Organizations』（Dorset House, 1996）を参照のこと。

ポイント」で有名なW・エドワーズ・デミングが最初だったと思う*2。14のポイントのうち12番目のポイントで、デミングは、あらゆる形式の目標管理を非難の的にしている。目標管理は、人為的に外部から「目標」というモチベーションを与え、労働者に内在するモチベーションを追い出してしまう。そのため、たとえば、ノルマを達成するという外部からのモチベーションに動かされている営業担当者は、顧客を満足させるという内在するモチベーションを無視するようになる。その結果、狭い範囲の顧客を対象にあまり必要とされない商品の売り上げを増やすことになり、その顧客も次第に離れていく。目標管理に対するデミングのアドバイスは、「目標管理はやめろ」である。

＊2　W・エドワーズ・デミング『Out of Crisis』(Cambridge: MIT Press, 1982, 1986)

第III部 変化と成長

まったく変化できない人は、成長もできない。これは目新しいことではないと思うが、変化できないこと、現状にこだわることを率直に認めておきながら、当然のように成長を期待している組織によく出会う。成長できないと、心底おどろく。彼らはこの事態を、変化できない、成長できないという二つの大問題のうち、第二の問題としてとらえているのだろう。第二の問題は第一の問題の結果であることを見落としていることが多い。

変化できないこと、ゆとりが決定的に足りないことを認めている企業でも、「柔軟性」については語りたがる場合がある。型にはまりきっていて、そこから抜け出す方法もわからないのに、柔軟性を貴重な企業資産として話したがる傾向がある。銀行にある金の話をしているが、預金残高がゼロであることにはふれないようなものだ。そのような企業は、目標を達成するために導入した手段について生き生きと語る。それらの手段には、ゆとりの削減、標準プロセス、コンクリートで固めたプロセス、いつまでも変化することのないさまざまなものに関する大量の資料など、私が変化への障壁と考えるものが含まれることが多い。

第III部では、組織の変化と成長を実現するというテーマに目を向ける。

この大がかりな仕事のためには、変化への障壁を取り除くだけでは不十分である。ビジョン、リーダーシップ、タイミングなど、さまざまな要素が必要である。ゆとりは、これらをすべて実現するための潤滑剤である。特にビジョンとリーダーシップは、ビジョンを作成するリーダーにどれだけ自由があるかによって左右される。これらの才能ある人材を封じ込めてしまうと、その魔法を見ることはできない。

第19章 ビジョン

友人のシーラ・ブレーディーが、ある晩、カリフォルニア州ウッドサイドの自宅で私たちに夕食をごちそうしてくれた。雨が激しく降り、風がユーカリの木を揺らし、ワインはたっぷり用意されていた。くつろいで話をするには最高のシチュエーションである。主に、シーラがアップルで指折りのプロジェクト管理者だったころの話をした。それから、最近のシリコンバレーの新興企業の話になり、シーラはビジョンに関する議論を呼びかけた。テーブルを囲んでいたほかの人たち（シリコンバレーの6社の新興企業の社員）が参加した。みなでビジョンについて議論を始めたが、そのほとんどはビジョンがないという話だった。

ビジョンがないことを示す最も一般的な兆候は、「自分たちは何者なのか」がわからないと感じることだ。なかでも憂鬱な例は、シリコンバレーのある新しいドットコム企業の幹部会議での話だった。この会社の存在理由は、会議に参加している幹部が全員できるだけ早く百万長者になり、早々にリタイアすることだけだと思われた。だれも2年後にそこにいたいとは思っていない。会議での話題は、当然のように、その月に最もめざましい株価の上昇を遂げたイーベイの成功の話になった。エンジニアの一人が「うちの会社にも、なにかオークションの要素を取り入れたらどうだろう」と提案した。そこで参加者は、オークションとはなんの関係もなく、オークションの技術や能力ももたない会社に、どうやってオンライン・オークションを取り込むかを何時間も話し合った。

シーラは言った。「その会議の問題は、『オークションはいいかもしれないが、われわれのやることじゃない』とあえて言おうとする人がいなかったことね」

企業とその構成員にとって、「自分たちは何者なのか」を知ることは重要である。しかし、「自分たちは何者ではないか」を知ることの方が、少しだけ簡単である。それすらわからない場合、つまり、馬鹿ばかしい計画について「われわれのやることじゃない」と言える根拠が会社にない場合、その会社にビジョンがないことはあきらかだ。

ビジョンがあるからには、ビジョンの作成者がいる。だれか一人、自分たちが何者であって、何者ではないかを確信している人がいるはずだ。それはごまかすことができない。犬が不安の種をかぎ分けられるのと同じように、従業員はビジョンがないことをかぎ分けられるのである。

ビジョンと変化

ビジョンは、建設的な変化のためにどうしても必要なものである。ビジョンがなければ、会社はあとから対応することはできても、先を見越して行動することはできない。従業員を解雇したり、工場を閉鎖したり、縮小することはできる。それらもある意味では変化だが、ここでいう「変化」ではない。そのような変化には、組織に柔軟性を組み込むことによって得られるような効果がない。

ビジョンがなければ、柔軟性も抽象的な概念にすぎない。その気になればなにができるのかを示す尺度である（しかし、その気もなければ、できもしない）。

変化が成功するためには、変わらないものはなにか、組織の存在意義はなにかを明確に理解している必要がある。これが、ピーター・ドラッカーが組織の「文化」と呼ぶものである。ドラッカーのいう文化とは、変化できない、変化しない、変化してはならないものである。私たちは、企業文化が標準産業分類コードや住所といった組織の可変要素の一つにすぎないかのように、文化の変化について話すことがある。しかし、ドラッカーは、文化についてまったく違う見方を勧めている。建設的変化を築くための土台と考えるのである。

変化しないと宣言するものがなにもなければ、組織はあらゆる変化に抵抗する。はっきりしたビジョンがなければ、組織は現状をもとに自己定義するしかない。人間が自己のアイデンティティが変化することに激しく抵抗するように、ビジョンのない企業体は、唯一の意味のある自己定義である現状にしがみつく。

ビジョン宣言

ビジョン宣言は、「自分たちは何者なのか」を強力に打ち出すものである。例を考えてみよう。ある米国大統領は、このような声明によって国民を引きつけた。「国が自分たちのためになにをできるのかを問うのではない。自分たちが国のためになにをできるのかを問うのだ」

この声明は挑戦のようにも聞こえるが、それよりはるかに大きな意味がある。この声明は、「自分たちが国のためになにをできるかを問うのだ。**それがわれわれという存在なのだから**」という暗黙の結びによって行動を求めている。この暗黙の結びがなければ、挑戦に効果はない。このビジョン宣言の核となる主張は、社会が助け合いによって成り立つという倫理観が、米国の文化にはっきりとした形で深く根ざしているということである。

成功するビジョン宣言には、通常、次のような特徴がある。

1．**現在**の真実に関する要素が必要である。「1マイルを4分で走れ。それがわれわれという存在なのだから」といわれてもピンとこない。「それがわれわれという存在である」というのが現在の真実だと思えないからだ。

2．ビジョン宣言には、提唱する**未来**の真実に関する要素が必ずある。「それがわれわれという存在である」とはいうものの、少なくともその一部は、「われわれはどのような存在になれるか」という未来の目標である。

3．ビジョン宣言が現在と未来の真実を正しく表し、未来の部分がすばらしく、しかも不可能なものでなければ、宣言を聞いた人がそれを受け入れることはほぼまちがいない。

人びとは参加したいと思っている。一員になりたいと思っている。あの日、大統領の声明を聞いた人の中に、「ちくしょう、国のためになにかしなくちゃいけないのか」などと反応した人はいない。それどころか、よろこんでいた。リーダーの出現は、すべての人に満足感と達成感をもたらした。人は、現実に合い、自分たちの考える現在の文化に合ったビジョンへ導いてほしいと考えている。組織がなりゆきに流されているときに、突然全員の前に舵をとる人が現れたら、あきらかに安堵感があるはずだ。

そもそも、人びとが導いてほしいと思っているからこそ、リーダーシップというものが存在しうるのである。

第20章 リーダーシップと「リーダーシップ」

リーダーシップがあり、次に「リーダーシップ」がある。最初のリーダーシップは、ビジョンをもち、自信を生み、共通の目標に向けて努力をうながす。もう一つはそうではない。

たいていの人は「リーダーシップ」に出会ったことがあると思うが、そうではない人のために例を示しておこう。1989年9月、ジョージ・ブッシュ大統領と50人の州知事が、シャーロッツビルのバージニア大学で開かれた全米教育サミットに出席した。大統領は、このグループの前で演説し、アメリカの若者は「2000年までに理科と数学でトップ」になると宣言した。大統領は、1990年1月31日の一般教書演説でも同じ主張を繰り返した。そして……なにも起こらなかった。アメリカの学生は理科と数学でトップになると熱烈に宣言し、それを熱烈に繰り返しただけだ（これは、だれかほかの人が行き当たりばったりに思いついたことだろう）。

ブッシュ大統領がこう宣言した背景には、近年アメリカの学生の成績が悪く、数学と理科の試験結果が、西側諸国の中で下から3分の1に入っていた事実がある。そこで大統領は、対策に乗り出し、その方法を国民に示す必要があった。この文章を書いている現在は2000年のなかばだが、どうなっただろうか。アメリカの学生は、数学と理科でトップになってはいない。近づいてもいない。事実は、あいかわらず成績不良で、1989年とだいたい同じ水準である。これが、「リーダーシップ」がなにをもたらすかを教えてくれる具体例である。

嘆かわしい事後談だが、ブッシュ大統領はのちに、アメリカには教育改革のための「意志はあるが財力がない」と語った。真実はその反対である。アメリカには財力は（うなるほど）あるが、意志がないのだ。意志を生みだすのがリーダーの仕事である。

リーダーシップとはなにか

リーダーシップとは、自分の課題にほかの人たちを参加させる能力である。リーダーとして意味のある行動をとれば、人びとは長期的な利益を高めるために、短期的な痛み（余分なコストや労力、満足の先送りなど）はある程度受け入れるのがふつうである。人はみな目先のことばかりを考えがちなので、長期的な利益のためにはリーダーシップが必要である。

本物のリーダーシップを簡単に作れる方法はない（もしあれば、そこら中で本物が見られるだろう）が、必ず次の要素が必要であることはたしかだ。

1）方向性を明示する
2）短期的には痛みがともなうことを率直に認める
3）フォローアップする
4）フォローアップする
5）フォローアップする

このうち１番だけを示され、ほかの要素がなければ、それはリーダーシップとはいえない。それは単なる「リーダーシップ」であり、ポーズにすぎない。

最初に中身のないポーズの例を挙げたので、つぎに本物のリーダーシップを示す例を挙げよう。フィンランド企業のノキアは、1950年代の終わりまではパルプ・製紙会社として成功し、送電線などのローテク分野で少数の買収を行っていた。1960年に、ノキア・ケーブルワークスの二人のエンジニアが、ハイテク分野で地歩を固め、パルプ・製紙分野からは脱却するという新生ノキアの大構想を打ち出した。現在のノキアは、ほぼ1960年にビョルン・ウェストルンドとカート・ウィクステッドが思い描いたとおりの企業である。どうしてこんなふうになったのだろうか。

当時その場にいたら、初期の重要な要素をいくつか挙げることができただろう。ウェストルンドが少数の研究者や外部のアドバイザーの手を借りて青写真を作成したこと、ウィクステッドの下にエレクトロニクス部門が創設され、青写真の各項目を実現しはじめたこと、上層部が半信半疑ながらも寛容な姿勢を示したことなど。しかし、そこから先のことはあいまいである。どうやって全員を、特に製紙部門の幹部を巻き込んだのだろうか。ノキアの**現在**の（1960年当時の）真実をどのように使って、「われわれはどのような存在になれるか」という未来のビジョンへ導いたのだろうか。どうやって必要な技能を蓄積したのだろうか。どうやって投資家からこの方向転換への支持を取りつけたのだろうか。

これらのことが起きた過程を説明するのは容易ではない。いずれも、一つの行動によって実現したことではないからだ。全員が参加し、参加しつづけるように、あらゆる階層で多様な手段がとられた。このようなリーダーシップは、方向づけと士気高揚のみごとな調和である。これは60年代から、ノキアの管理者の任務になった。いまもそうである。このような環境では、業務運営に40%の時間を費やしている管理者が、60%は無駄な経費だとみなされることはない。むしろ、60%の時間をリーダーシップに費やしている人とみられる。この割合を変えるべき理由があるとしたら、業務運営に費やす時間を減らし、改革のリーダーシップをとるための余裕を増やすためだろう。

力の問題

リーダーシップをとろうとして失敗した場合、すぐに使われる言い訳がある。「力が足りなかった」というものだ。ブッシュ大統領がアメリカには財力がなかったと言ったのも、本質的にはこれと同じことだ。大統領の言う足りない「財力」とは、教育の向上を導くために必要な余分な力である。それがあれば、間違いなく成功したと言っているように聞こえる。

力の不足は、失敗したときには格好の言い訳になるが、十分な力は、リーダーシップの必要条件ではない。十分な力などありえない。それどころか、十分な力がなくても成功するのがリーダーシップというものだ。毎日少しずつリーダーシップ行動を積み重ねているのは、あまり力のない人たちや、服従を強いる力より、ほかの人を参加させる能力の方がはるかに優れている人たちであることが多い。そもそも、上司に部下を命令に従わせる力があったとしたら、参加させることになんの意味があるというのだ。

自分の経験を考えてみてほしい。導いた経験ではなく、導かれた経験だ。あなたを服従させる権限のない人から、進むべき方向を示されたことはあるだろうか。もちろん、あるはずだ。それについてどう思うだろう。あなたを導いた人についてどう思うだろうか。その人が与えられた権限以外の領域でうまく仕事ができる人であるほど、あなたは本物のリーダーに導かれたことを幸運に感じるはずだ。

階層の経路とリーダーシップの経路

リーダーシップは、組織図の権限を表す線をたどって降りてくるとは限らない。企業を健全にするリーダーシップの基本とは、正式な権力を与えられなくても、人びとが上司を導き、同僚を導き、取引先の人びとを導き、交渉し、仲介し、影響を与えることである。

本物のリーダーシップとは、権力の届かない範囲にいる人たちを参加させることである。

第21章　ディルバート再考

リーダーシップが組織図の下から上へ昇ったり、空白を横切ったりするものだということに納得したら、部下としての責務に対する考え方が完全に変わるはずだ。だれでも、階層の一番下にいる人でも、リーダーシップをとる能力をもっている。能力をもっているということは、それを使う責務があるということだ。

アメリカのヒーローへの攻撃

何年か前なら、ディルバートは私にとって偉大なヒーローの一人だと話していただろう。いまなら、『ディルバート』の作者、スコット・アダムスが私にとってヒーローの一人だと言おう。アダムスはほとんど毎日、優れた考察と知恵にちょっとした楽しいユーモアを加えて、私たちに見せてくれる。なんてすばらしい作品を生みだしたのだろう。

アダムスはヒーローだが、ディルバートは……ピンと張ったネクタイをした生真面目な男は、ヒーローではない。ディルバートは馬鹿ではない。いつも頭を垂れ、会社にいくら理不尽なところがあっても異議を唱えず、けして波風を立てず、自分のクビを危険にさらすようなことはしない。世の中に馬鹿げた管理を横行させているのは、ディルバートであり、その同類である。自分の下にディルバートのような人がいたら、毎日恵まれない条件のもとで管理をすることになる。

最近は、会社を訪問すると、必ずといっていいほど、どこかにディルバートの漫画が貼られている。それが貼られている意味は、「この会社はどこかディルバートの会社のようだ」ということか、さらにひどいと、「私の上司はディルバートの上司によく似たところがある」ということだろうと思う。こうしたまんがを見つけると、かならずそれを貼っている人を探して、「なるほど、ところであなたはディルバートに似ていますか」と聞いてみたいと考える。あなたは頭を垂れているか。無意味な命令がくだされても黙って従うか。官僚体制のために本当の目標が犠牲になるのを放っておくか。もし答えがイエスなら、あなたも問題の一端だと言ってやりたい。

興ざめを承知で言うが、次にディルバートの漫画を見る機会があったら、まったく違った見方をしてみるといい。無意味なことが物笑いの種になるような会社では、ディルバートの役割はどうなるか考えてみるのだ。ディルバートはどのように反応するべきだったのか（本物のディルバートなら、もちろん、なにも反応はしない）。ディルバートはこのおかしな状況を、どうしておもしろくない状況にしてしまえるのか。どうすればこの理不尽な状況を終わらせることができたのか。必ず明確な答えがあるはずだ。ディルバートをクビにするといった答えの場合もある。

お粗末な管理をお粗末な管理者のせいにするのは簡単だし、正当なことでもある。しかし、それだけではない。お粗末な管理をさせておく人びとの責任も追求する必要がある。まずい管理が行われた場合、それを放っておいたディルバートのような腑抜けに、少なくとも責任の一端がある。

だれがリーダーシップをとるべきか

35年にわたって人前で話をしているうちに、学んだことがある。企業の社員を前に、きびしい変革を断行する必要があることをうまく説明できたときほど、あとで聴衆がやってきて、「今日の話を上司に聞かせたかった」と言うことが多いのだ。こうしたコメントを、これまでに300回以上は聞かされてきた。

最初は、こうしたコメントは、私のメッセージが組織のまちがった階層に届いた証拠だと思っていた。そこで、代理人にマーケティング方法を変えるよう促し、組織のもっと上層向けに講演を設定するようにした。おどろいたことに、これらの上層の管理者も、同じようにコメントした。これらの管理者にもやはり上司がいて、その上司がこの話を聞いて、必要な変革を実施してくれたらいいのに、というのだ。では、だれに話せばいいのだ。組織のどの階層にいようと（たぶんトップだけは別だが）、上にはボスがいて、自分より権力をもっている。変化が本当にむずかしいものなら、上司が自分のかわりにやってくれたらどんなに安心だろうというわけだ。

こうした「コメント」を長年にわたって聞き続けているうちに、私はまったく違う反応をするようになった。「上司に聞かせたかった」と言われたときは、私のメッセージがきちんと正しい相手に届いたと思うようになった。受け手にとって意味のないメッセージだったら、なにも言わずに出ていっただろう。このメッセージを聞いてなにも行動する必要を感じなければ、抵抗すべきものもないはずだ。上の階層に責任を転嫁したいと最も強く願う人こそが、自分が変化を起こせることを知っている人なのだが、もちろん、それは簡単なことではない。上の階層や同僚に働きかけ、組織全体の人びとを巻き込むことにもなるだろう。リーダーシップの行動が始まろうとしている。

フォロワーシップ

機内誌でうんざりするほど売り込まれる「企業イメージ」の中で、特におもしろいと思うのは、砂煙の中を突進していく馬の群れの後ろ姿が描かれた広告だ。この絵には「リ・ー・ダ・ー・シ・ッ・プ」というキャプションがついているが、このイメージはどうみても「フォロワーシップ」を思わせる。この絵に見えるのは、先行者を追いかける姿ばかりだ。

同様に、経営者がリーダーシップの重要性についてくどくどと話しているのを聞くと、その話が本当に伝えているメッセージは、リーダーシップよりフォロワーシップと関係があるという印象を受けることが多い。組織にフォロワーシップの倫理を浸透させようとしているのだ。彼らの考えでは、リーダーはエリートであり、多数の下層労働者はエリートに従うべきなのだ。フォロワーシップの倫理の問題点は、リーダーシップが選ばれたエリートだけのものになることだ。

私が知るかぎり、活気のある企業にはフォロワーシップの倫理はまったく存在しない。人びとは、ほかの人に従う場合もあるが、本質的には単に追随しているのではない。そのような企業では、リーダーシップは全員の任務であり、名案を思いついた人に従うのも全員の任務である。リーダーシップは交替で担うものだ。その結果として、当面最も影響力のある人に従う場合もある。

第22章　恐怖と安全

――棒や石で叩かれれば怪我もしようが、言葉でなにをされても痛くもかゆくもない

このことわざを教わったのは、5歳にもならないころだった。私が知っているのは英語だが、ほとんどの言語に同じ意味のことわざがある。この章では、このことわざの意味をあらためて検証し、まったく違った結論を導き出してみたい。

変化に必要なもの

組織の変化が成功するためにどうしても欠かせないものを一つ挙げるとしたら、安全である（繰り返すが、ここでいう「組織の変化」とは、事後対応的な変化ではなく、先を見越した変化である）。人は、少なくともある程度は、どんな仕事をしているかによって自分を確立しているため、仕事の内容を変えることは、個人のアイデンティティに深く関わる問題である。これはおそろしいことである。

このような変化に対しては、激しい抵抗が起きることがある。そのような抵抗は、陰に隠れ、怒りや中傷を生み、破壊的な影響をもたらすこともある。これらに対しては、強制的な管理では対処できない。先を見越した変化は、起こそうとして起こせるものではない。せいぜい、変化が起きるよう支援することができるだけだ。唯一効果のある手段は、強制ではなく促進である。

変化するためには、必ずなにかを捨てなければならない。捨てるのは、古いやり方である。それを捨てるのは、古いからであり、時間の経過とともにもはや最適の方法ではなくなったからである。しかしそれは、やはり古いがゆえに、慣れ親しんだ手段でもある。それ以上に重要なのは、すでに習得した手法であることだ。つまり、人びとに変化を促すことは、慣れ親しんだ技術を捨て、自己の本質にかかわる仕事に対してもう一度初心者になり、ずぶの素人になるよう求めることである。

人はそのような変化に対応できるものだが、それには安全だと感じられる必要がある。危険な環境では、経験のない立場に追い込まれることを拒否するだろう。変化に抵抗し、いくら促しても、絶対に変化に参加しないという決意を揺るがすことはできない。

ふたたび恐怖について

安全ではない場合には、恐怖を感じる。恐怖は変化を妨げることがある。しかし、興味深いことに、恐怖が必ず変化を妨げるとは限らない。途方もなくこわいときには、みずから大きな変化を起こすことがある。こうした変化には、純粋に事後対応的なもの（恐怖のみによってもたらされたもの）もあれば、そうではないものもある。恐怖によってある種の学習が強化されることもある。そうでなければ、アイスクライマーやスカイダイバー、油井の消防士などは技能を習得できるはずがない。

13歳の息子が公園のコンクリート製のベンチをスケートボードで滑り、端でジャンプして、空中で一回転して着地したりしたら、親は心配して「首の骨を折るのがこわくないの」とたずねるだろう。「まさか！」という答えが返ってくる。これは、こわいという意味だ。こわいにきまっている。スケートボードはまちがいなく、健全な恐怖があってこそ身につく技術の一つである。

意味のある変化を起こすための重要な活動である学習は、恐怖の対極にあるわけではない。それどころか、この先の26章では、恐怖はあらゆる種類の重要な学習につきものだと主張するつもりである。では、恐怖が学習を妨げる致命的な要素ではないとしたら、なぜ変化のために安全が重要なのだろうか。恐怖がないという以外に、安全にはどのような意味があるのだろうか。

これらの疑問については、抽象的に考えるより、具体的な例を想像してみよう。自分が、通貨先物取引の電子市場を始めたばかりの新しいネット企業に入社したと想像してほしい。分別のある人間なら、この職務を引き受けるときには恐怖があるはずだ。自分を含めてだれも、できたばかりの電子市場で通貨先物取引をすることにどのような意味があるのか、よくわかっていない。自分の将来を疑問視すべき理由はいくらでもある。競争相手に先をこされたらどうなるだろう。商いが薄すぎて呼び値スプレッドが十分に機能しなかったら。マフィアが侵入してきてセキュリティ・ホールを利用されたら。規制当局に数百万ドルの保証金を求められ、会社がその資金を調達できなかったら。投資家の苦情が殺到したら。ハードウエアに対してバースト・トラフィックが大きすぎたら。なにかのミスで1日分の取引が丸損になったら。なによりも、これらの理由にせよほかの理由にせよ、会社が倒産し、路頭に放り出されて、49歳無職という立場になったらどうすればいいのだ。

そこで恐怖におそわれる。絶対にそんな目にあいたくない。日常の仕事のやり方を変えられるだろうか。もちろん、変えられる。こうした企業は、変化することによって存続する。変化なくして存在しない。社内のだれもが恐怖を感じているが、それでもみな変化できる。

逆説的だが、首の骨を折るかもしれないという恐怖（企業でいえば、職を失うかもしれないという恐怖）によって変化できなくなることはない。変化を妨げるのは、それよりはるかに陰湿な恐怖、すなわち嘲笑に対する恐怖だ。組織がまったく変化できないようにしたければ、新しい慣れない仕事のやり方を勧めてから、苦労してそれに取り組んでいる人たちを馬鹿にすればよい。これ以上確実に、重要な変化を妨げる方法はない。

重要な変化のために必要な安全とは、新しい方法を習得しようと苦しんでいるときに、だれも嘲笑されたり、馬鹿にされたり、軽視されたりしないということだ。

棒と石と言葉と

企業の変化に関しては、棒や石で打たれても生き残れるかもしれないが、「言葉」は息の根を止める。皮肉やいやみを言い、ぐさりとくる批判をし、目の前であざ笑い、人前ではずかしめ、いらだち、かんしゃくを起こし、あきれてみせる。これらはすべて、重要な変化にとって本当の敵である。変化を受け入れられる組織にするには、このような不遜な態度を組織から一掃する必要がある。かわりに、どの階層の人でも、あえて苦労を受け入れようとすれば尊敬されると、はっきりわかるようにすることだ。

変化の最中は、どんな失敗でも、教訓を伝えるものとして尊重されるべきである。失敗した人はヒーローであり、変化の立役者である。失敗によって、その人は前にもまして尊重される。

ほかの変化を可能にするために、まずはこの重要な変化を組織にもたらすことだ。

第23章　信頼関係を築くには

株式市場の記事でよくあるのは、最近転機を迎えた企業の話である。毎週一つは新しい話をみかけるように思う。1年前には、なりゆきに身をまかせ、リーダー不在のまま忘却の彼方へ去ろうとしていた企業だが、明確な責任者が現れ、見通しが明るくなり、株価が上昇する。この間にいったいなにがあったのだろう。

なんらかの理由でリーダーが現れたのだ。外部から引き抜かれたのかもしれないし、内部から昇進し、取締役会か退任するCEO（だれであれ、その会社の責任者を任命する人たち）から任命されたのかもしれない。そして……そしてなにをしたのだろうか。私の考えでは、この能力ある新しいリーダーは、最初の準備期間を経て、その期間が終わるころには広範囲から信頼を集めている。信頼が得られなければ、リーダーは不在のままであり、本当の転機は迎えられない。しかし、信頼はどうすれば得られるのだろうか。どうすれば短期間にこんなことが起きるのだろうか。

信頼を得る方法――通常のモデル

新しいリーダーがどうやって信頼を得るのかを検討する前に、だれもが子供のころに両親や教師から植え込まれた、信頼を得る方法に関する先入観について述べておく必要がある。両親や教師は、子供に信頼を得る方法を教えたいと考えていた。しかし、現実問題として、ほかにも教えるべきことはあった。行儀よくふるまうことを教えたかったのだ。そのため彼らが教えたモデルは、**当然得られるべき**信頼を得る方法である。**不当に信頼**

を得る方法は教えなかった。信頼を得るもう一つの方法を説明すると、教育計画がうまくいかなくなるからだ。教育上の目標を考えれば、この選択はまちがっていないが、おかげで私たちがリーダーシップの出現を理解するには欠けているものがある。つまり、私たちは次のように信じている。

信頼を得るには、信頼に足ることを示しなさい。

そのとおり。これが信頼を得るための唯一の方法（と思われていたもの）である。

私たちの頭に植え込まれた多くのルールと同様、このルールも単純化してみるとちょっとおかしなところがある。信頼に足ることを示すためのなにかを任されなければ、どうやって信頼に足ることを示せばよいのだろうか。それが何であるにせよ、まず最初に、つまり、本当にそれを任せられる人間になる前に、なにかを任されなければならない。実際には、**不当に信頼を得る**方法を使わなければ、信頼に足ることを示すこともできない。

教育者たちは、信頼が与えられる前に信頼に足ることを示す必要があると説くたびに、まったく不当な（まだ得られる理由のない）信頼を少しずつ子供に与えていたのである。彼らが子供に教え込んでいた基本ルールは、彼ら自身が子育ての腕を磨きながら学んでいったルールとは完全に矛盾している。彼らが学んだルールは次のとおりである。

親たちのルール：いつも信頼に足ることが示されるより
少し**前に**信頼を与えなさい。

新しいリーダーが信頼を得る方法——現実的なモデル

信頼に足ることを示すことによって信頼を得ることが可能だとしても、新しいリーダーには、そんな時間はない。成功するための唯一の手段は、まだ得られる理由のない信頼を得ることだ。たとえば、自分がヒューレット・パッカードの新CEOに選ばれたとしたら、それは部下たちが真剣に判断した結果（「新しいボスは、従うにふさわしい人物であることをみずから証明したものとみなす」）ではなく、全員の直感による決定（「きっとうまくやれるさ！」）である。

コンサルティングの仕事の中で、幸運にも、数人の大成功を収めた新リーダーの出現をこの目で見ることができた。彼らは全員、信頼を集めることに長けていた。その様子を見ているうちに、まだ得られる理由のない信頼を集めるためには、個人としての魅力が必要だと確信するようになった。うまく信頼を集める人は、歯切れがよく、精彩があり、魅力的で、ひねくれていることが多い（私が思い浮かべているあるCEOは、尊大な人物だが、おもしろい自虐的ユーモアのセンスをもっていた）。

これらは生来の性格であり、もっている人ともっていない人がいる。したがって、これらに頼るよりも、まだ得られる理由のない信頼を得る方法に興味をひかれる。そのような信頼を得る人びとには、ある共通のパターンがみられる。その人たちが共通して無意識のうちに実践していることとは、「信頼を与えることによって信頼を得る」ことである。

リーダーシップと相手への信頼

ロサンゼルスからの長い夜間飛行のすえ、朝のシドニーに到着した私は、人波が通りすぎるのを待ってから立ち上がって通路に出た。もう一人、数列前の席で、二人の小さな女の子を連れた女性が待っていた。そのときはショルダーバッグを一つ持っていただけなので、女性のすぐ後ろで立ち止まって、荷物を持ちましょうかと声をかけた（子供連れの女性が持ち歩かなければならない荷物の多さには、いつもおどろかされる)。「片手があいていますから、なにか運びましょうか」

「お願いします」と女性は答えた。そして、天使のような金髪の少女を私の腕の中へ渡した。私はどぎまぎしながら飛行機を降りた。女性は二人乗りの折りたたみ式ベビーカーを運び、ターミナルに入るとすぐにそれを開いた。私は少女をベビーカーに座らせ、別れを告げた。私の人生のなかでたったの3分ほどの出来事であり、しかも19年前だった。でも、いまも忘れていないし、これからも忘れないだろう。

信頼を与えることは、おどろくべき効果をもつ行為である。与えられた側は、ほとんど無意識のうちに、相手へ忠誠を返す。才能のあるリーダーは、直感的に、なにかを人に任せる方法を知っている。日常的にそうしている。まだそれ相応の実績をあげていない人にも責任を与える。背を向けるべきときと、賭けるべきときを心得ている。

私は、若いエンジニアだったころ、ベル研究所、コンピューター・アプリケーションズ、CEGOSインフォマティーク、スウェーデンのフィリップスで、立て続けに優れた管理者のもとで働く幸運に恵まれた。これらの管理者の名前はもちろん、理由のない信頼を受けた一つひとつの経験、世間から（私自身にさえ）認められるより少し前に任された責任もすべて覚えている。現在でも、それらの仕事のいくつかを思い出すと感無量である。当時は、誇りと喜びを感じると同時に、こわくなった。なによりも、私を信頼してくれた人に後悔させないようにしようと決心したものだ。

信頼を与えることが、信頼を築くための簡単な手段であるかのように書いてきた。しかし、けっして簡単なことではない。リーダーは、リーダーシップに欠かせない要素である才能をもとに、だれを、いつ、どれだけ信頼するべきかを判断する。子供の教育の場合と同様、信頼に足ることが示される少し前に信頼を与えるのがルールである。しかし、前すぎてはいけない。相手にどれだけの準備ができているかを、間違いなく理解できる能力が必要である。失敗するためのお膳立てをしても、忠誠は得られない。成功するためのお膳立てをしなければならない。

実績が示される前に信頼を与えるには、危険がともなう。リスクを避けるタイプの人にはできないだろう。これは残念なことだ。部下から信頼と忠誠を得る最も効果的な方法は、同じように信頼を与えることだからだ。

第24章 変化のタイミング

天が下のすべてのことには
ターン、ターン、ターン
季節があり
ターン、ターン、ターン
すべてのわざには時がある
——バーズ（伝道の書より）

組織を変化させる任務を引き受けたとしたら、株式市場のマーケットタイマーのように、正しい時期とまちがった時期を見分ける感覚が必要になる。まちがった時期に「正しい」ことをするぐらいなら、なにもしない方がましである。

さらにめんどうなことに、変化のタイミングに関する一般的な見識に頼ると、誤った方向へ突き進むことになりやすい。一般的な見識とは、「壊れていないものは直すな」である。言い換えると、あきらかに「壊れて」いるときにだけ変化を検討しろということだ。その結果、次ページのグラフのような状況になる。

変化は、追加のボーナスや手当のように、手軽なときにいつでも自由に会社につぎ込むわけにはいかない。変化の効果が現れない時期もある。逆に、組織が変化を受け入れやすい時期もある。

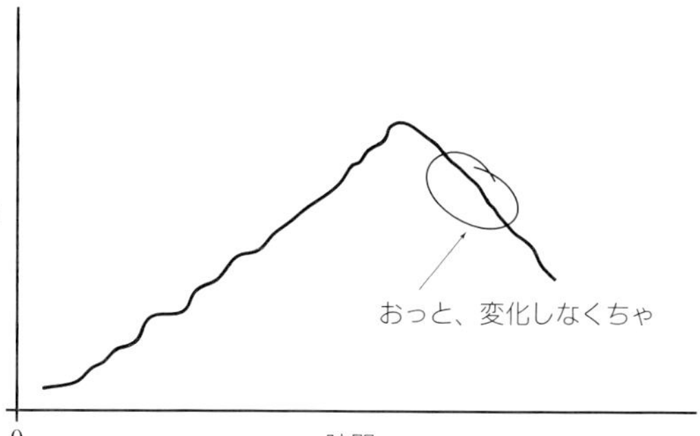

変化に立ち向かう

企業の変化請負人にとっては、いまの仕事のやり方に強いこだわりはないだろうが、だからといって、ほかの人たちにもこだわりがないということにはならない。変化請負人は所詮、変化が成功したらどこかほかの場所を変えにいくのだろうが、自分たちの世界を引っかき回された人たちは、その結果を背負いこんで暮らしていかなければならない。人が少なくとも部分的に、仕事の内容によって自己定義するものだとしたら、仕事やその手順、流儀などの変更は、自己の本質にかかわる問題となる可能性が高い。このため、変化は予想外の抵抗にあう。

客観的な視点で考えてみよう。あなたはダビデである。さらに、最も無害と思われる変化にさえ反対する抵抗勢力をゴリアテという。ダビデはちっぽけな人間だが、ゴリアテは身の丈３キュービットの巨人である（ここでは、１キュービット＝１キロメートルということにしておこう）。もちろん、聖書ではダビデがゴリアテを退治するのだが、ダビデには天の助けがあったことを思い出してほしい。神が自分の味方につき、この組織の改革に個人的に肩入れすると信じる理由がなければ、ほかの人はみなゴリアテに賭けたくなるだろう。

これほどの抵抗を克服するには、きわめて自分に有利な要素が必要なことはたしかである。そのような要素とは、変化を導入するための適切な手段と、変化をおそれない文化である。この二つについては、具体的なアドバイスをするより、変化の導入[*1]と企業文化[*2]に関する本を紹介することにして、ここでは第三に必要な要素、適切なタイミングについて述べたい。

ゴリアテのような抵抗勢力には、はっきりとした論理があるわけではない。感情的な問題である可能性がはるかに高い。変化が成功するためには、人びとがなにを考えるかより、どう感じるかということが重要である。どのようなものであれ、不安があれば、変化を導入する仕事はむずかしくなる一方だ。このため、企業の命運が突然傾いた時期に変化を導入するのは、最悪のタイミングである。人びとは自分のクビを心配し、企業が健全性を保てるかどうか不安に思い、競争相手の活気に衝撃を受けているだろう。

あとから考えると、変化を導入するのにはるかに適した時期は、健全に成長している期間である。

成長するためには必ず、ある程度の変化が必要である。成功するにしたがって、人材を増やしたり、市場を拡大したり、多角化または集中化を進めたりする必要があるだろう。しかし、成長は気分のいいものだ。成功しているという気がする。気分がよければ、変化への抵抗を減らすこともできる。成長とは成功することなのだから、成長に関連した変化に対しては、人びとの見方もまったく違うはずである。

＊1　ウィリアム・ブリッジズ『Managing Transitions: Making the Most of Change』(Addison-Wesley, 1991)

＊2　トム・デマルコ『ピープルウエア　第2版：ヤル気こそプロジェクト成功の鍵』(日経BP社、2001)

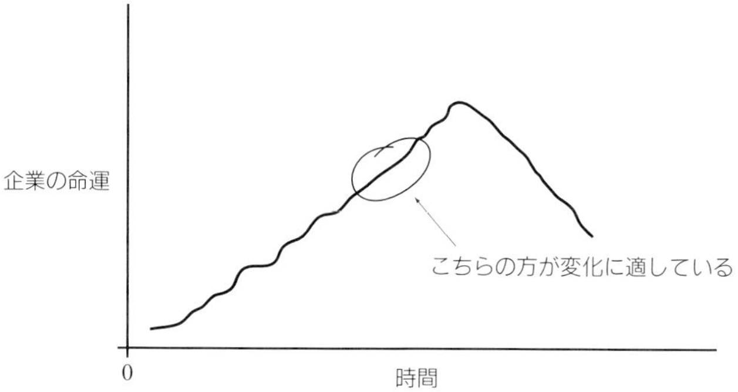

上げ潮に乗る

成長とは、すべての船を浮かび上がらせる上げ潮である。成長している期間は、当然ながら、変化に対する抵抗も少ない。したがって、変化を導入するには最適の時期である。特に、成長と関係のない変化は、成長している期間に行う必要がある。これは、そのときに必要だからではなく、そのときの方が実現しやすいからである。ゴリアテに挑むには、それだけ有利な条件が必要なのだ。

第25章 中間管理職の存在意義

この章では、「変化はどのようにして起きるか」という全体的な問題からは一時離れ、「変化はどこで起きるか」という狭い問題に焦点を当てる。組織のどの部分が、変化の中枢になるのだろうか。

トップで起きると答えるのは簡単だが、まちがっている。変化のきっかけはトップからやってくる場合もあるが、具体的な変化が起きる場所は違う。変化はすべてそうだが、とりわけ重要な変化には再生がともなう。企業の再生のためには、経営トップにはもはやわからないであろう組織の日常業務との深いかかわりが必要である。

変化は底辺で起きるという答えもまちがっている。階層の底辺の人びとには、再生するための展望もなければ、再生計画を遂行するための力もない。

再生がトップで起こらず、底辺でも起きないとしたら、残る可能性はただ一つ。中間で起きるのである。

中間管理職の重要な役割

中間管理職の重要な役割は、再生である。たしかに、中間管理職には、日常業務などの継続的な活動を指揮する責任もある。しかし、変化する経済の混乱のなかを生き延びる企業と、そうではない企業の違いは、変化の請負人としての中間管理職にある。生き残る企業では、特に下から2～4階層あたりに、活気と自信にあふれた中間管理者がいる。生き残れない企業は、90年代にこれらの中間層を大幅に縮小した企業で、残った中間管理者もおびえて幻滅しているため、もはや行動する元気もない。

もう少し乱暴な言い方をしてみよう。現在、停滞している企業は、必要な変化を起こす能力をもった人たちをクビにしたために、動けなくなったのである。変化の中枢を切り捨てることによって、自分の首を絞めたのだ。

首を絞めた側の論理としては、時間の余っている中間管理職をみつけ、それを排除したはずである。これを「余分な脂肪をそぎ落とす」という。時間が余っているということは、余分な脂肪なのだ。

ゆとりを取り戻そう

中間管理職の重要な任務が再生だとしたら、その仕事はいつ遂行されるのだろうか。答えは、日常業務の指揮に忙殺されていない時間である。管理者の時間が余っている（つまり、日常業務にとられる時間が１日８時間以下である）場合には、再生の時間がある。余分な時間は無駄ではなくゆとりである。ゆとりがなければ、業務管理の役割しか果たせない。再生を起こせる人が忙しすぎて時間がとれなければ、再生は不可能である。

変化の中枢を解雇しなかった企業でも、中間管理職を極度に忙しくしておくことによって、その価値を減じている。変化を実現するには、管理者を忙しくしておくことがまちがっているのだと知る必要がある。自分の部下に忙しい管理者がいたら、ビジョンと、そのビジョンを現実に変える能力が損なわれている。もっとゆとりを与えるべきだ。

孤立

再生のために必要なものは、十分なゆとりだけではない。中間管理職が有意義な変化を計画し、それを実現するには、**協力**しあう必要がある。そして、中間管理職が協力しあうことはめったにない。それどころか、管理者はどの階層でも、孤独に仕事をする傾向がある。

新しい仕事についたばかりの新人管理者は、閉め切ったオフィスにひとりで座り、たったいま任された問題に、ほかの人ならどう対処するのだろうと考える。経験のある管理者をつかまえて、「ちょっと、これをどうやってたんですか」とたずねるのかもしれないと考えたりする。

たしかに、それは賢明な方法だが、それほど簡単ではない。管理者以外の知識労働者の間では、気楽に同じ問題に参加し、協調して作業するのはあたりまえのことだが、管理者の間ではあたりまえではない。むしろ、ぎこちない緊張感や競争意識がある。この競争による緊張感は、とりわけ中間管理職が安全と感じられない環境でみられる。だれかが辞めなければならないとしたら、ほかの人であってほしいと、全員が考えている。これは、協調を促進する姿勢とはいいがたい。

ふたたび安全について

率先して変化を起こすべき人は、安全だと感じている必要があることは前にも述べた。これは、変化を計画し、その実現を指揮する人にもいえることである。変化はリスクなくして起こらない。そして、少なくともある程度の失敗が許される環境でなければ、リスクをとることはできない。そこで次の逆説が存在する。リスクをとり、リスクをともなう計画に成功できるようにするためには、失敗できるようにする必要がある。

リスクをとるためには、失敗を許容する必要があるという考えを受け入れられない人は、その反対を考えてみるとよい。失敗には罰を、である。成功を確実にする手段として、罰をちらつかせることが正しいとされている場合もある。しかし、罰はリスクをとるのを妨げることの方が多い。

まとめ：再生の必須条件

再生は組織の中間層で起きるため、第一に、中間層があることが必須条件である。読者の組織には、まだ中間層があるものと仮定しよう。これから少々のゆとりを取り入れ、安全性を高め、管理者の孤立を打破する措置をとろう。これが中間層による再生の処方箋だ（やってみるまでは、簡単そうに思える）。

これらの要素がなぜ必要なのか、これらのことをどうやって起こすのかを理解するには、再生の核となる活動に目を向ける必要がある。それは次の章で述べる組織の学習である。

第26章 学習はどこで起きるか

なにも学習せずに組織を変えることもできるだろうが、重要なことは何だろうか。通常は、学習したことが変化の動機づけになり、その過程で学んだ新しい能力が変化を起こす力になる。学習と変化は切っても切れない関係にある。

人間は学習する機械である

人間は生まれつき学習する機械であり、いつもなにかを学習している。この学習機能は進化によって私たちに組み込まれたが、**この機能にはスイッチがない**。そのため、たとえば、ある夜第一次世界大戦の歴史に関する本を読んでいて、「よし、今夜の勉強はもう終わりだ」と本を置いて妻や子供と会話を始めたとしても、学習は止まらない。ギアが切り替わるだけだ。学習は死ぬまで止まることがない。

組織もいつも学習している。しかし、いつもそれを消化するとはかぎらないし、すべての学習が役に立つわけではない。効果的な「学習する組織」になるには、建設的な変化の原動力になるような能力や方針を学習するよう習慣づける必要がある。これは生まれつき備わっている性質ではないし、私たちには、あまり重要ではないことを学習するときはスポンジのように新しい知識を吸収するが、本当に重要なことは学習しようとしない傾向がある。これは組織にも、個人にもいえることだ。たとえば、100年も前に起きた戦争のことは難なく学習できるが、まったくちがった仕事のやり方を習得するとなると、ぱたりと止まってしまうことがある。

学習プロセスの典型的なモデル

教育者は、学習プロセスは4つの要素で構成されると教えている。学習者、指導者、教材、共同学習者である。モデルを図に表すと、次のようになる。

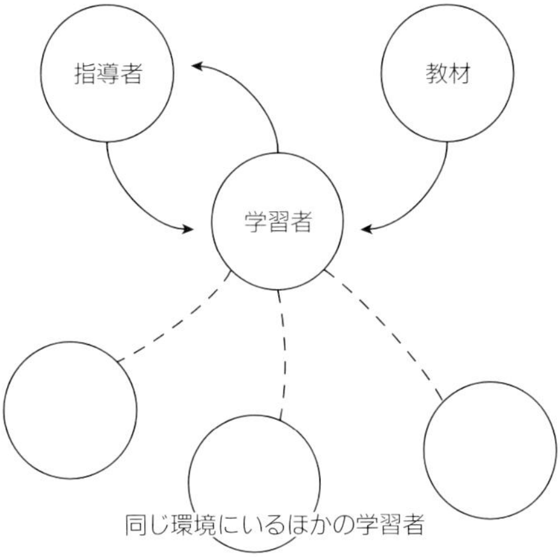

学習環境：典型的な教育モデル

これらの要素が一つ以上欠けていても、なんらかの学習が行われることはあきらかだ。一人で歴史書を読んでいる場合を考えてみるといい。指導者も共同学習者もいない。私たちはいつも、このような不完全な学習環境で学習している。しかし、ここで話しているのは、仕事に関係のないことを覚える気軽な学習のことではなく、自己の本質にかかわる重要な仕事のやり方を変える本当に重要な物事の学習である。そのような学習のためには、完全な学習環境がどうしても必要である。

たとえば、第一次世界大戦の本によると、1918年のシュマン・デ・ダームの戦いは、フランス軍に加勢していたロシア軍に反乱が起きたために事態は複雑になった（革命前の兵士たちが、帝政ロシアの将校に対して反乱を起こした）。素人歴史家でも、この程度の事実は簡単に学習して先へ進めるだろう。しかし、素人ではなかったらどうだろうか。自分がプロの歴史家だと考えてほしい。前にシュマン・デ・ダームに関する本を書いたことがあるのだが、ロシア軍の反乱の話はいま初めて知ったとしたら、どうするだろう。これはまったく別の問題だ。なにを学習するかは、自己イメージに大きく関わる問題だ。本当なら、すぐに基本研究に戻って、このテーマについて調査し、この戦闘に関する以前の研究を訂正するか、反乱説に対する抗議を申し入れるべきである。そうすることによって学習し、成長する。そうするべきなのだが、反対へ向かおうとする自分もいる。反乱があったなどというのは馬鹿げた話だと一蹴し、それについては二度と考えないようにしようとする。重要なことを学習する機会は失われる。

青ざめる学習

開発手法を教えはじめたころの経験から、人びとは自分にとって本当に重要なことを学習するときには、一時的にパニックになることがわかっている。長年続けてきたやり方より、新しい手法の方が優れていることがわかると、教室全体に「なんてこった」という空気が広がる。人びとの顔色は青ざめる。みなの胃袋がひっくり返る音が聞こえる。

そんなときは、あたりを見回して、ほかの人も青ざめていること、ほかの人も冷や汗をかいていることがわかると、学習者はほっとする。仕事のための学習でこうした障害を乗り越えるには、共同学習者の存在、指導者による忍耐強い励まし、手軽で使いやすい補助教材が必要である。これらの要素が揃っていなければ、学習者の多くは、受け入れがたい新しい物事に出会うと、「馬鹿げた話だ」と一蹴してしまうだろう。

チームが重要なわけ

知識労働者のチームには、不思議な面がある。チームで行う実質的な仕事のほとんどは、各個人が別々に担当するものであって、実際にチームで行う作業はほとんどない。それではなぜ、チームがそれほど重要なのだろうか。一致団結した知識労働者が、チームを組まない労働者よりはるかによい結果をあげられるのはなぜだろうか。

その理由の一つは、チームの存在によって目標が調整され、メンバー全員が同じ方向へ進めることだ。コミュニティに加わりたいという個人の欲求もある程度満たす。知的活動においてチームワークが効果を発揮する理由としては、これらの要因はかなり重要である。

このほかに、チームならではの複雑な学習環境が挙げられる。チームの中で学習する場合、対象分野についていくらか経験の深い別のメンバーが指導者になる。コーチといってもいい。教材もある。コーチが、技能を習得できるように、プロジェクトの中から簡単に処理できるような部分を教材として切りわけてくれる。そして、共同学習者がいる。一緒に学習したり、自分で経験を積んだばかりの（まだ青ざめている）チーム・メンバーである。本当に重要なことを学習するには最適の環境である。仕事を始めたころに学んだことの大部分は、このような環境で学習したはずである。

チームは理想的な学習環境であり、コーチとして指導したり、されたりすることが日常の中で欠かせない場所である。

学習のためにチームが重要であることは、組織にとってよいことのように思われるかもしれない。組織がチームを支援する可能性があるからだ。それは結構だが、そのチームはどこにあるのだろう。本当のチームが階層の底辺にしかないのは、めずらしいことではない。

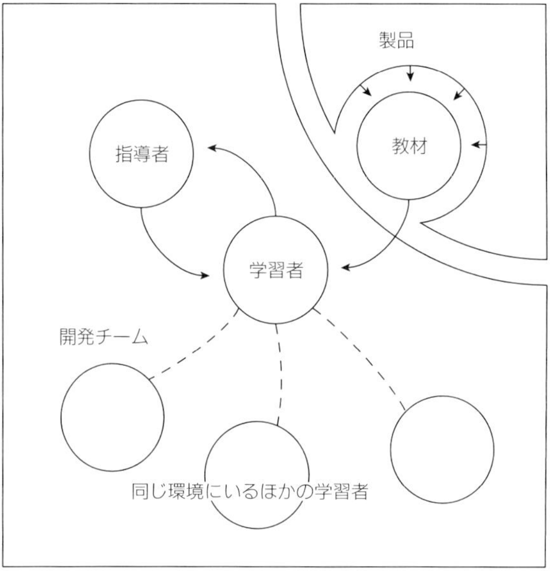

その場合、次のように自問する必要がある。この組織は、底辺だけで学習しようというのだろうか。この組織には、学習が本当に重要な意味をもつチームはあるのだろうか。

管理の方法を学習する

企業はさまざまなことを学習する必要があるが、その中でも最も重要なのは管理である。平社員が昇格するのは日常的なことだ。階層の低い管理者が昇格した場合、仕事に必要とされる管理能力は、質的にみて多種多様である。では、それをどうやって学習するのだろうか。残念ながら、なにもない学習環境で学習しなければならないことが多い。

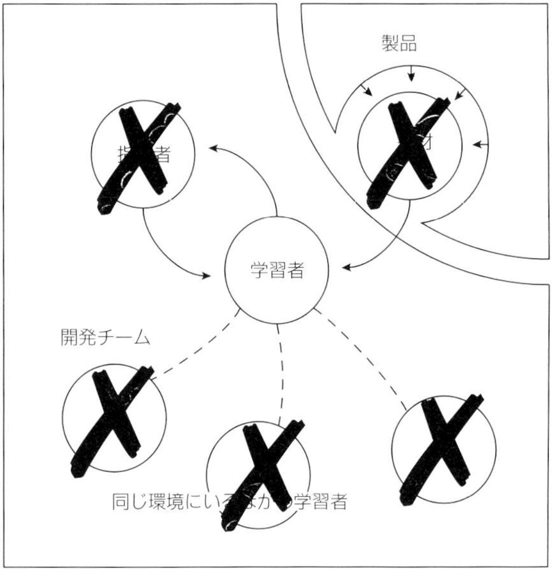

そこにはコーチもいなければ、同じ階層の指導者もいない。職務そのもののほかに教材はなく、理想的な学習訓練のために切り出された簡単な仕事はない。共同学習者もいない。新人管理者は、学習する必要のあることは、ほとんど孤立した状態で学習するよう期待されている。

私自身の場合、若い管理者だったころは閉め切ったオフィスの中に一人でいた。上司と話すことはできたが、本当に力になってくれそうな人たち、つまり同じ階層のほかの管理者とは話ができなかった。管理者としての新たな課題に直面するたびに、シャロンやジョージやユージーン（同階層の管理者の名前）だったら、この問題にどう対処するのだろうと考えていた。ハエになって彼らのオフィスの壁にしがみつき、達人の仕事のようすを観察する機会を得るためなら、なにをしてもいいと思ったぐらいだ。管理者が互いに助けを求められない文化の中には、複雑でいまわしいルールがあった。

たしかに、若い管理者はちょっとした管理者研修を受けることもある。こうした研修の問題は、抽象的で、具体例が示されないことだ。最初のうちに実際の仕事の一部を手がけて技能を取得するチーム環境の代わりにはならない。こう言っている間にも、管理者研修では管理業務のしくみ（報告、スケジュール管理システムの運用、ガントチャート、PERT分析……）だけを教え、優れた管理とまずい管理の違いを作る本当にむずかしいこと、すなわち人材の選択や動機づけ、チームの結束、話の聞き方、昇格、新しい任務を与える時期の選択などについてはなにも教えていない。

たいていの人は、抽象的な話からはうまく学習できない。具体例から学習する。それが、孤立した状態ではうまく学習できない理由の一つだ。管理能力は、子育ての能力と同様、具体例を見て、有能なコーチの助けを得たり、一緒に学ぶ人と経験を分かち合ったりしてこそ身につくものだ。

新人管理者がチーム環境の中で技能を学習できないのはなぜだろうか。ほとんどの企業には、少なくとも管理チームと呼ばれるものはあるというのに。

管理チーム

新しいクライアントを訪れた初日には、管理チームと過ごすことが多い。十数人の管理者と一緒の部屋で、週に一度の報告会議に参加する。こうした会議は、どれもこれも同じようなものだ。ボスが二言三言話してから、その下の管理者たちが順番に、各自の担当分野の状況をボスに報告する。管理者Dが話すと、少し離れた席にいる管理者Gが短くコメントする。最近では、こうしたコメントは、会議で自分以外の人が何を言っているかとはほとんど関係ないのではないかと思っている。管理者Gは、あとで自分がボスと話す順番が回ってきたときのためにコメントしているのだ。先に注意を引いておけば、いまにも居眠りしそうな相手に自分を印象づけることができる。管理者たちは、席を立って部屋を出ていくと、次の報告会議まで顔を合わせることもないのがふつうだ。

ここで示した報告会議は、そもそも会議でもなんでもない。本当の会議では、n人の人たちが膝をつき合わせて話し合い、なんらかの結論に達するか、全員の協力や参加を必要とする新しい方針を採択する。順番にボスに向かって話をするのは、この意味での会議とはいえない。ボスがボスであることを認め、礼讃する儀式のようなものだ。ビジネスには儀式も必要だと思うが、少なくとも、週に一度の報告会議は本当の会議ではないことを理解してほしい。

そして、管理チームは本当のチームではない。チームとは、一つ以上の作業成果を共有し、それに対して共同責任を負う人たちのグループである。共有するもののない人たちは、チームと呼ばれているかもしれないが、本当のチームではない。企業が本当の管理チームをまったく作っていないと言っているのではない。めったに作っていないと言っているのだ。いわゆる管理チームのほとんどは、チームの概念の猿まねにすぎない。

本当の管理チームが機能している場合、少数の管理者がサブグループを共同で運営する。サブグループの人びとは、上司同士が一緒にすごす時間が多いことに気づく（そのことに対して不満を口にする人もいる。過去の経験から、管理者は1日のほとんどを自分のオフィスで一人で過ごし、自分たちが必要とするときにそこにいるものだと思い込んでいるからだ）。意思決定はチームで行われ、チームに帰属する。管理者の下にある下層のチームと同様に、責任は管理チーム全体で負う。

こうして責任を分散することを、本当の管理チームを許容しない組織は、「問題」だという。管理者一人ひとりが、自分に割り当てられた任務に完全に責任をもつことの美徳を主張する。こうした単純な責任機構は、反面、管理者を孤立させる。

空白地帯に目を向けろ

前の章で、「変化はどこで起きるか」とたずねた。組織の学習と変化は密接な関係にあるため、変化の中枢が学習の中枢になると述べた。さらに、すべての改革と学習は、階層構造の中間で起きると述べた。しかし、中間のどこでだろうか。正確に答えると、変化と学習は、組織図の中間の「空白地帯」で起きる。

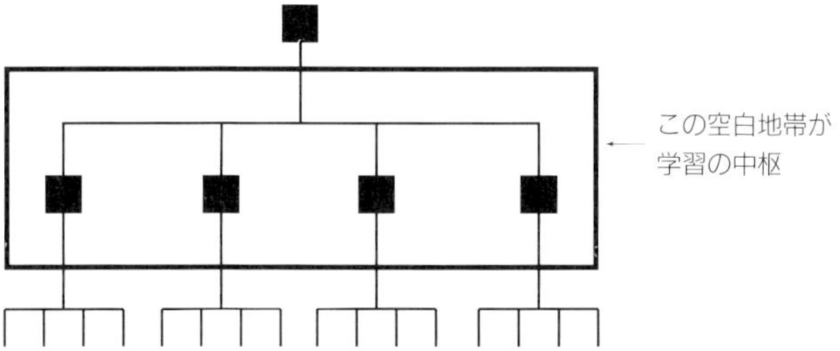

組織は、孤立した状態では有意義な学習ができない。そのような学習には、必ず中間層の管理者が共同で参加する必要がある。そのためには、順番にボスに向かって話し、ボスの話を聞くのではなく、お互いに話しかけ、耳を傾ける必要がある。

優れた組織的学習ができる企業には、活気にあふれコミュニケーションの盛んな空白地帯がある。これは階層構造の上にも下にもいえることだが、特に中間層が目につく。中間管理職同士の間にある空白地帯が、再生の起きる場所である。空白地帯に、コミュニケーションや共同責任を促す機能がなければ、再生はまったく起きない。

第27章　空白地帯の危険

この章では、前の章の話のもう一面に目を向け、特に「学習しない組織」に焦点を当てる。

企業やその部署、部門は、苦境に陥り、事態を打開する方法を学習できないと、組織図の線や四角を変えてみようとすることがある。そんなことをするより、その線や四角の間のスペースに目を向けた方がいい。健全な組織は、この空白地帯を学習の中枢として使うのだから、学習しない組織は、まさにこの空白地帯に問題を抱えていることはまちがいない。空白地帯は活気や協調がみられず、孤立して危険な状態になっている。

私のセミナーのある参加者が、この問題が困った事態を招いた例を教えてくれた。昼食のときに、「同僚の管理者がこわいんです」というのだ。この会社では、管理者同士の競争が激しかった。ほかの管理者の成功は自分の失敗であり、逆に、ほかの管理者の失敗は自分にとっていい知らせだと思わされていた。もちろん、ほかの管理者も同じように思っている。だからこわいのだ。ほかの管理者は、この人物の強みを損ね、弱みにつけいるチャンスをいつもうかがっている。

このような「空白地帯の危険」がある場合、組織の学習はもちろん、あらゆる種類の協力や協調が停止する[*1]。

＊1 「空白地帯の危険」というドラマチックな言葉を作って、学習できない企業の問題を表したのは、私の友人で、アトランティック・システムズ・ギルドの仕事仲間であるスーザン・ロバートソンである。

「多少の健全な競争は害にならないだろう」

管理者同士の競争が激しい組織では、階層構造のやや上の方の人間が、緊張関係が意図的に組織に組み込まれているのだと思わせようとする。そのような人たちは、「多少の健全な競争は害にならないだろう」という。私は長年のうちに、このような競争が明確に意図して組織に組み込まれていることはまずないと考えるようになった。むしろ、本当はだれも望んでいないのにそうなっているのだ。それについて言い訳をする（それを手柄とさえ考えている）管理者は、現に起きていることは、自分が意図して起こしたことでなければならないと思っている自己欺瞞に満ちたあわれな権威主義者である。

競争がどのように生じるのかを推測するとおもしろい。兄弟間に競争が起きるのは、ある種の栄養不良のせいである場合が多い。注目、愛情、助言、承認などが奪われていると感じているのだ。管理者同士の競争や空白地帯の危険も、同様の栄養不良が原因である。競争が発生したり、少なくとも黙認される原因は、たぶん上層の管理者がケチで厳しい権威主義的な態度をとっていることだろう。

内部の競争にはコストがともなう

知的組織には「健全な」競争などというものは存在しない。内部の競争はすべて破滅的である。私たちの仕事は、ひとりの人間が孤立した状態でこなせるようなものではない。知識労働は、当然ながら協調的な作業である。協調が必要なのは、最下層のチーム内部だけではない。チーム間や、チームが属する組織内、組織間の協調も必要である。

公正にみれば、部下同士の競争を容認したり、奨励したりする管理者も、同じ部下同士が協力する必要性を理解していないわけではない。しかし、競争によって協力が妨げられるはずはないと自分を納得させている。管理者たちは、自分の部下の管理者たちが、プロとしての責任感から、共通の利益になる場合は、互いに助け合うにちがいないと考える。そうならなかった場合は、「プロらしくない」行動を非難する。

私にいわせれば、プロフェッショナリズムに関するこの考え方は、ヒステリックなぐらい楽観的だ。管理者に対して、同僚と競争するようはっきりと奨励しておきながら、プロフェッショナリズムのようなあいまいで抽象的なもののためにゲームを中断することを期待するのは、ナンセンスである。部署をプロらしく管理するとは、いったいどういう意味なのか。管理職の仕事か、またはその部門の業務（研究、クレーム処理、広報など）に固有の職業倫理にしたがって部署を指揮するということだろうか。いずれにせよ、競争とは本来、プロらしくない行動ではない。市場でライバル企業に勝つために競争することは、プロらしくないとは言わないだろう。しかし、状況によってはあまりいいことではないだろう。たとえば、戦時下で、自分の会社とライバル企業の両方が軍需産業にかかわっている場合などだ。競争のエネルギーをどこへ向けるかは、上の管理者からの指南を頼りに決めることである。管理者が同僚と競争するようしむけた場合は、そのために部下の管理者がプロらしくない行動をとったとしても、文句は言えないはずだ。

防御行動

熾烈な競争には、少なくとも二つの要素がともなう。攻撃と防御である。攻撃は敵に勝つための努力で、防御は敵が自分に勝つのをくい止めるための努力である。「多少の健全な競争は害にならない」という人たちは、攻撃側のことしか考えていない。「勝つ」ことは、その場合にどのような意味をもつにせよ、うまく管理すれば組織全体の利益につなげることができると考える。そうして個々の勝利をつなげていけば、組織も勝者になれる。たしかに、個人の勝利を組織の勝利に結びつけることはできるだろうが、簡単ではない。これは目標管理に危険なほど似ており、したがって、ディスファンクションをはじめ、目標管理に起きる失敗はすべて起きる可能性がある。ディスファンクションが起きれば、個人は勝つが、組織は負ける。

内部に競争が起きると、攻撃側にも問題はあるが、防御側は有害でしかない。同僚の管理者同士がお互いから防御しあう（相手が勝つのを妨げようとする）ことは、非協調的な行動をとることである。

企業は、競争を奨励しておきながら、プロフェッショナリズムのような抽象的な概念に頼って防御という自然な反応をやめさせようとするのではなく、管理者同士の競争を避けることを学ぶべきである。空白地帯の危険は、組織の効率化には役立つかもしれないが、組織を効果的にすることはない。

見えてくるパターン

競争は、権威主義的な管理者のもとで起きる。ゆとりのない組織は権威主義的になりがちである。効率が最大の目標である場合、意思決定は分散できない。ひとり（または少数）の手に委ねなければならず、ほかの人はみな、疑問ももたずに指示を受け入れ、命令を遂行するために迅速に動かなければならない。これは、大量の仕事を片づけるにはよい方法だが、再生と学習を促進する方法としては悲惨である。再生ができる人にその権限は与えられず、しかも、なにかを再生するには忙しすぎる。

学習と再生には時間がかかる。仕事で忙しすぎる人には、新しい仕事のやり方を学習する時間はないだろう。権威主義的な管理は、時間にこだわる。ゆとりを破壊し、同僚より優れた業績をあげるよう人びとを駆り立てる性質がある。それによって学習は不可能になる。そこで訓練の問題が出てくる。

訓練

この話は、学習しない組織に関する章ではなく、前の章（「学習はどこで起きるか」）に入れておくべきだったことは百も承知している。読者は、「このデマルコというやつは、訓練の話をあの章に入れておかないとは、どうしたんだ。訓練は組織が学習する方法じゃないというのか」と考えていることだろう。

それをここで話すのは、訓練は、ゆとりのない組織で実施される場合、ふつう**学習しない方法**になるからだ。

これについて詳しく述べる前に、学習に結びつく可能性がきわめて高い、理想的な訓練の状況について説明しておこう。これからピアノを習いはじめるのだと想像してほしい。初めてのレッスンを受けるところだ。メロディー先生は、マラゲーニャの練習から始めると告げる。「待ってください、私の指はこの10本だけです」。理解してもらおうと、指を動かしてみせる。「私にマラゲーニャが弾けるはずがありません」。「大丈夫。ごくゆっくりやりますから」。そして練習が始まる。先生は最初の１小節を、コンサート・ピアニストの10分の１の速さで弾かせる。そして、「ピアノを弾く」のではなく、その１小節を弾けるよう指が十分に訓練されるまで、同じことを何度も繰り返す。それから、次の小節に進む。

訓練の本質は、このように時間がかかることだと言いたいのだ（学習には時間がかかる）。これは訓練の決定的な特徴である。

訓練＝新しい仕事を、ベテランよりはるかにゆっくりやることによって練習すること

この「遅い」という特徴を欠いた訓練は学習しないための練習である。

たいていの企業の訓練は、まちがいなくこれにあたる。まずはインプットのみの段階で、新しい概念や手法を吸収するよう求められ、次に実践段階でそれを練習する。ただし、ベテランの10分の１の速さで練習するのではない（10分の９の速さですらない）。ベテランと同じ速さで練習することを期待されるのだ。新しい（まだ試していない）手法を使うのだから、以前の方法でやっていた仕事を、前より短時間でできるはずである。そのために新しい手法の訓練をするのだから、もっと効率を高められるはずだと訓練の担当者は言う。

読者自身、ほかの人にこのような「訓練」を施した経験があるのではないだろうか。新人管理者にプロジェクトを担当させ、自分が管理した場合にかかるであろう時間とほぼ同じ時間で、そのプロジェクトを完成させるよう命じたことはないだろうか。私はやったことがある。自分が1年でプロジェクトを完成できるとしたら、新人管理者でも１年でできるはずだと考える。そのとき自分がなにをするつもりだったかはわからないが、それが訓練ではなかったことはたしかだ。その管理者を訓練したければ、同じ仕事をするのに24カ月以上は与えるべきだった。自分がプロジェクト管理者だった場合に割り当てる人数より、少ない人数でプロジェクトを運営するよう求めるべきだった。参加する人数が少なければ、新人管理者でも、経験による学習を吸収しやすかっただろう。

どんな訓練でも訓練は、ベテランよりはるかにゆっくりとしたペースで練習する期間が長いはずだ。つまり、社員を急がせる現代の企業では、ふつう訓練などまったくないということだ。本当の訓練は、「急げ」という指令とは相いれないものだ。そして、「急げ」というメッセージはいたるところにある。壁紙のように組織全体を埋めつくしている。

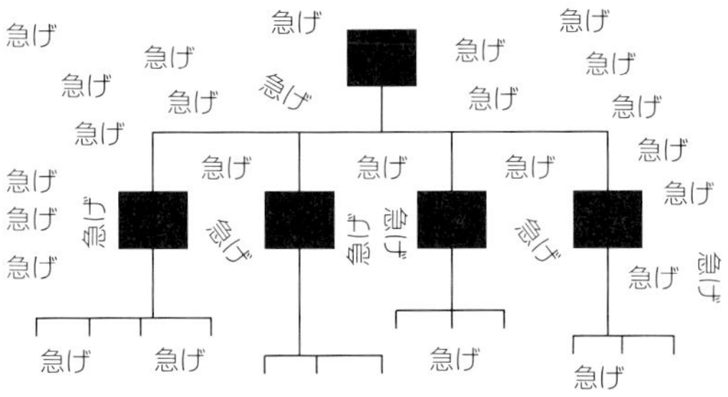

これも空白地帯の問題と考えることができる。この空白地帯を通るのはあまりにも危険で、「急げ」というメッセージが多すぎて、ほかのコミュニケーションができない。

学習しない組織のための処方箋

学習しない組織を、少なくとも学習できる組織に改革するには、二つの簡単な変化が必要である。

1．組織から内部の競争を排除し、管理者同士で協力、協調、共有ができるようにする。
2．新しい技能をベテランよりはるかに遅い速度で練習する機会を与え、訓練の練習段階にたっぷり時間をかける。

これらの改革は、言うだけなら非常に簡単なことだ。実行するとなると、もう少し複雑である。

第28章 変化の管理

「変化の管理」という言葉は、哀れなほど楽観的な響きをもっている。郵便課を管理するとか、南西地区事務所を管理するとかいうのと同じように変化を管理できるように聞こえる。そうだったらどんなにいいだろう。

むしろ、変化を「管理」するという意味は、もう一つの楽観的な言葉、「がんの管理」の「管理」に似ている。変化が望ましくないものだというのではない。結果が見えず、ほとんど手に負えないものだということだ。勝手に進行していき、その進路を変えようと努力すれば影響は与えられるかもしれないが、制御していると思えるような状態にはならない。しかしこれは、一見して思うほど致命的な制約ではない。有能な管理者が影響を与えれば、才能のない人間が完全に制御するよりはるかに効果が高い。

本当に郵便課を管理することを想像してみよう。昼間は会社の郵便課を管理し、さらに春になると、夕方の数時間を地元のリトルリーグの管理に費やす。この２つの「管理」の違いはなんだろうか。昼間は、仕事を指示すると、部下はほぼそのとおりの仕事をする。グラウンドでは、何度も同じことを言わなければメッセージが理解されない。叱ったり、繰り返したり、言い直したり、励ましたり、おだてたり、刺激したりする必要がある。なにをするにも、数回は始めからやり直さなければならないだろう。教え子たちはいつも話を聞くとはかぎらないし、めったに従わない。注意を引こうとしてもうわのそらで、次の打順の子が木蔭で用を足していることもある。このような管理は、変化の管理者が得意とする分野である。

ルールの違い

通常の管理業務ではあたりまえだと思っているルールの多くが、変化の中では違ってくる。その一つに、私が管理の基本ルールと考えているものがある。「私は上司できみは部下だ。だから言われたことをやりたまえ」というものだ。まったく権威主義的ではない管理者でも、このルールの恩恵を受けている。空気のように、いつもそこにあるものだ。たとえば、自分の上司を、物分かりがよく権力に頼らない人物だと思ったとしても、それは、その上司が権力をもっているのに使わないからだ。管理を行うときには、つねにこの基本ルールが作用している。ただし、変化の管理は別である。

徹底した変化が進行しているときは、がんばっているが失敗している人（変化の途中ではよくあること）と、変化しようとしない人を区別することはほとんどできない。管理者が区別できないのだから、管理されている人たちは、自分が失敗しているのか、参加していないだけなのかを理解する必要もない。基本ルールは事実上停止している。異論を唱えるのは自由だが、認めた方がいい。通常の権力がない場合には、自分の説得力と、地位に頼らずにリードする能力に頼る必要がある。しばらくは、管理者は上司というより交渉人の役割を担うことになる。

ゲームは始まる前に終わっている

変化の時期に管理に違いが生じるもう一つの点は、まず業績、次に報酬という仮定が崩れることだ。まず業績、次に報酬というのは、企業の世界ではあたりまえすぎて意識することもないかもしれないが、つねに存在するルールである。給与を受け取るのはある期間仕事をしてからであって、それより前ということはない。働かなければ報酬もないという暗黙の了解がいつもある。同様に、賞賛、責任の拡大、同僚からの尊敬といったソフト面でのさまざまな報酬も、業績のあとについてくるものである。

変化の時期には、まず報酬がなければならない。言い換えると、変化に対する報酬として利用できるのは、過去の貢献と信頼に応じて与えられるある種の「得点」である。優秀な変化の管理者は、多くの得点を獲得している。信頼の貯金があり、それを利用して人びとを変化に巻き込むことができる。

これは、初めて変化を計画、指揮する新人管理者には不利である。利用できる得点がなく、わずかな「持参金」のほかに使える貯金がまったくない。あとになればいいことがあり、変化が価値あるものだったとわかるはずだと約束するだけでは不十分だ。新人管理者が直面する厳しい現実は、変化を管理するための主な活動（信頼の構築）は、変化が始まる前にすませておかなければならないということだ。

工場と家庭のモデル

新しい職場で初日を迎えるときには、管理者と労働者の関係はどのようなものかという暫定的なモデルはすでにできている。このモデルは、家庭内の経験に基づいている。父親がボスである。子供たちは命令を聞くものとされている。いつも聞くとはかぎらないが、聞くものとされており、聞かなかった場合には、その「報い」が待っていることがある。どのように仕事が進むのか、ほかに知る手だてがない場合、仕事も同じように機能すると想定する。上司は父親であり、労働者は子供である。

このモデルは工場でもよくみられる。現在、知識労働者を管理している人は、かつての工場管理者を父にもつ人が多い（私の父は、ニューイングランドの真鍮・ブロンズ鋳物工場を経営していた）。そのため、父親が帰ってきて仕事の話をすると、工場の管理は、家庭内の管理によく似ていることがわかる。権力があり、直接的な命令があり、服従があり、「報い」がある。

工場や家庭の管理モデルは、変化の期間には適用できない。先に述べたように、重要なルールのいくつかが違っている。しかし、もう少し大事なことをはっきりさせておきたい。工場や家庭のモデルは、変化のない時期でも、知識労働者の管理にはうまく適用できない。知的組織では、変化がないといっても相対的な問題だからである。やや変動が少ない時期というだけだ。知的組織における管理の重要なツールは、変化を管理するツールである。優れた知識労働管理者は、工場の管理において重要な権力や報いではなく、説得力、交渉力、利用可能な得点、過去に蓄積した膨大な信頼の貯金などをもっている。

第IV部 リスクとリスク管理

世界経済の激変は、新しい仕事のやり方、新しい市場、国境のない競争をもたらした。これらはすべて機会を意味し、機会はリスクを意味する。リスクをとらずに成功する者はいない。だれでも知っていることだ。現代では、リスクをとることは不可欠と認識されるようになった。どれほど不変な企業でも、リスクからは逃れられないことを知っている。

このような環境では、「多くのリスクをとって、それらを一つずつ克服すること」が成功であると言いたくなる。これらのささやかな勝利を一つひとつ計画書に書き込んでいけば、「成功計画」というアプローチが完成する。成功計画は、特にハイテク産業において、管理哲学のより所になっている。これをもとに、期待される結果を具体的に描き、その結果を達成することを前提に仕事を進める。

成功計画は、「最後までテーブルに金を積んだまま、15回連続でブラックジャックに勝ち、大金を稼ぐ」という計画を知的に表現したようなものだ。うまくいけば大当たりだが、失敗すれば窮地に陥る。さらに、リスクをとることに消極的になる。すべての逆境を克服しようと思う組織は、ごくささいなリスクしかとることができない。裏を返せば、重大な敗北を経験したことがない組織は、本当のリスクをとったことがないのである。

リスク管理は、成功計画の対極にあるといってもいい。リスク管理とは——びっくりしないように、ここで大きく息を吸って——「失敗計画」に関する規律である。リスク管理を実践する企業は、全体的な成功をめざす過程で、多数の小さな（しかしコストのかかる）失敗に明確に備えている。全体的な成功とは、最後にテーブルから多額の金を持ち帰ることである。

リスクをとるということは、余分なコストや遅れの可能性が生じるということだ。さまざまなリスクをとると、最終的に高くつくものもあれば、そうでないものもある。失敗は全体のなかで捉えればいい。たとえば、起きる可能性のあった悪いことのうち、実際に起きて余分な時間やコストがかかるのは、10回に１回かもしれない。しかし、すべてのリスクの結果を避けられると思ってはいけない。リスクが消滅せずに実現した場合に備えて、時間とコストに多少のゆとりをみておく必要がある。リスク管理学は、どの程度のゆとりが必要かを知るために役立つだろう。

第29章 常識の誤り

正式なリスク管理学は、保険業界の歴史とともに始まっている。保険会社が保険会社のために開発したものなので、まずは、保険におけるリスクの考え方を述べておこう。

自分が、ロンドンのロイズか、エトナか、ジョン・ハンコックか、GEICOの経営者だとしたら、リスク管理についてはポートフォリオのレベルで考えるようになるだろう。ポートフォリオ全体の中で、同じ災害によって損失を生じる保険契約の割合が多すぎる場合、リスクが適切に管理されているとはいえない。たとえば、フロリダ州の海沿いの不動産に対する保険が集中していたら、大儲けするか、大損するかのどちらかである。ハリケーンがなければ儲かるが、ハリケーンがくれば一文なしだ。このリスクを分散するには、どうしたらよいだろうか。利益の可能性（契約者から支払われる保険料収入）をすべて捨てることなく、損失の可能性を許容できる範囲に抑えるには、どのような手段をとればいいだろう。

基本的な保険のリスク管理方法は、リスクの一部を別の保険会社に譲り、通常はそれと引き換えに、相手側のアンバランスなリスク・ポートフォリオの一部を引き受ける。フロリダの不動産に対する保険の一部を、ほかの会社のカリフォルニアの所得補償保険や、ハワイの労災保険や、シリコンバレーの経営者保険の一部と交換するのだ。これで、ハリケーンがフロリダの海岸地域を直撃した場合、損失は発生するが、会社が倒産するほどの損失にはならない。

この保険の例から、次のことがわかる。

1．リスクはそれ自体悪いものではない（事業で利益が得られるのも、リスクがあるからだ）。
2．リスクは完全にはなくならない（悪いことが起きれば、損失を負うことに変わりはない）。
3．リスク管理にはコストがかかる（余分なリスクを手ばなす業務にもコストはかかるし、保険のリスクが高すぎる場合、相手の会社がその一部を引き受ける前に、なんらかの代償を要求するかもしれない）。
4．リスクが実現しなかった場合、リスク管理をした方が多少コストがかかることになる（保険金請求がなかった年の保険料収入の損失分）。
5．リスク管理のルールは、一つのリスクではなく、ポートフォリオ全体に適用される（一つの保険商品にすべてを賭けた場合、その年にその商品の保険金請求が発生しないという保証はない）。

これらはいずれも、保険業界のリスク管理の事情だが、ほかの業界のリスク管理にもいえることである。

リスク管理の問題点

ここでは保険会社の経営者の話をしているわけではないから、リスク管理の主な用途は、一つのリスクの高い業務、たとえばプロジェクトの管理だろう。そうだとすれば、一つのプロジェクトにすべてを賭けることになる。自分に与えられた役割は、プロジェクトを成功させることである。**会社はこのプロジェクトに期待しているのだから**。問題は、リスク管理をしてもプロジェクトが成功するとはかぎらず、成功の確率が最大限に高まるだけであることだ。プロジェクトを構成するリスクの多くが現実になれば、プロジェクト全体が失敗に終わる。つまり、期日までに完成しないか、予算を超えるか、納期までに十分な価値を提供できずに終わる。

リスク管理による制御は、確定的ではなく、確率論的なものにすぎない。たとえば、容器内にある一定重量の気体の圧力は、「確定的」に制御できる。温度を設定して容量を変更すれば、圧力は完全に決定できる。これらのパラメーターを設定できるかぎり、完全な制御が可能である。従業員が会社を辞め、競争相手に転職するペースは、「確率論的」に制御できる。給与、手当、労働時間、プレッシャーなどの変数は、離職率に影響を与えることが多いが、これらの値をどれほど正確に設定しても、プロジェクトが終わるまでハロルドが残るという保証はない。

確率論的制御は、会社にとってはいいかもしれないが、1回の仕事の結果によって勝者か敗者に色分けされる個々の管理者にとっては、あまりいいものではないだろう。しかし、「会社にとってはいい」ことを認識する必要がある。さらに、規模の大きいプロジェクトは、完全なリスクのポートフォリオとみなすことができ、プロジェクトの中で確率論的制御を使って全体的な成功を達成できると考えられる。

確定的制御方法がないほか、さらに大きな問題は、リスク管理のツールが直感に反することだ。これらのツールは不確定的な要素を扱うため、必然的に確率に基づくことになり、理解しにくい。もう一つの問題は、リスク管理の手法が、「できる」型の管理という企業理論とまったく相いれないことである（「できる」型管理については、この章の最後に詳しく述べる）。

最初に、リスク管理のマイナス面を挙げた。あとはすべてよい点である。しかし、マイナス面だけでかなり圧倒されてしまう。非確定的な制御、直感に反するツール、企業文化の重要な部分との相違。いったいなぜこんなことをする必要があるのだろうか。

それでもリスク管理が必要な理由

私がある会社へ行き、数日だけ重要なプロジェクトに協力したとする。最後に別れる前に、私は次のように告げる。「このプロジェクトは、５月末までに完成する見込みはまったくない。よくてせいぜい９月１日だろう。もちろん、最悪のシナリオだともっとひどいことになる。たとえば、来年の半ばから終わりごろだ」

相手は私を招くまで、プロジェクトの完成がいつごろになる可能性が高いか、わかっていなかった。私もわからないのは同じだ。ただ、相手と私の違いは、私は正確にどれぐらいわからないかという情報を示したことだ。私には、完成予想は６月１日から来年の12月までの範囲のいつかだとわかっている。さらに、どのあたりで完成する確率が最も高いか、プロジェクトの完成日に関する私の予想を示している。これをグラフに表すと、私の主張は、次のようなグラフで表される。

この「リスク図」は、不確定性を明示している。ある時点にプロジェクトが完成する相対的確率を示している。二つの日付の間の領域は、その期間にプロジェクトが完成する確率を表す。

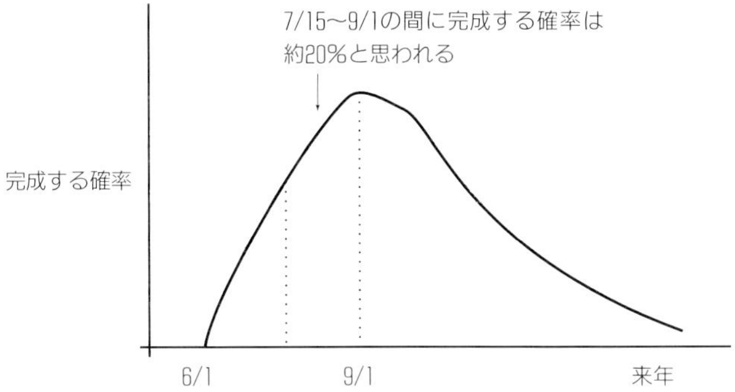

グラフ全体の領域が1になるように、つまり最も楽観的な予想から最も悲観的な予想までの間にプロジェクトが完成する確率が100%となるように目盛を設定する。

リスク管理を簡単に定義すると、不確定性を明示することである。そうすれば、リスクのある領域に踏み込むときに、現在どれぐらいのリスクを管理しているかをある程度確認できる。各要素の不確定性、たとえば、期日に遅れる可能性を明示することによって、あらゆるリスク領域にわたって適度のリスクを管理し、全体的な成功の可能性を最大限に高めることができる。

これはささいなことのように思われるかもしれないが、リスクを明示しなければプロジェクトがどのように進行するか、考えてみてほしい。

弊害：プロジェクトが「5月末までに完成する可能性はまったくない」と言うと、6月1日が妥当な完成日だという意味にとられる。その結果、達成する可能性が0％（グラフが示すとおり）の期日が選択される。

弊害：もう少し寛大な管理者は、「可能性が最も高い」

とされる日付に期日を設定するが、それでも約3回に2回は期日に遅れる。その理由は図をみればわかる。プロジェクトの確率グラフは、人間のたいていの活動と同様、右に向かって長く伸び、ピークは左寄りになる。ピークの左側の領域は、全体の3分の1程度である。

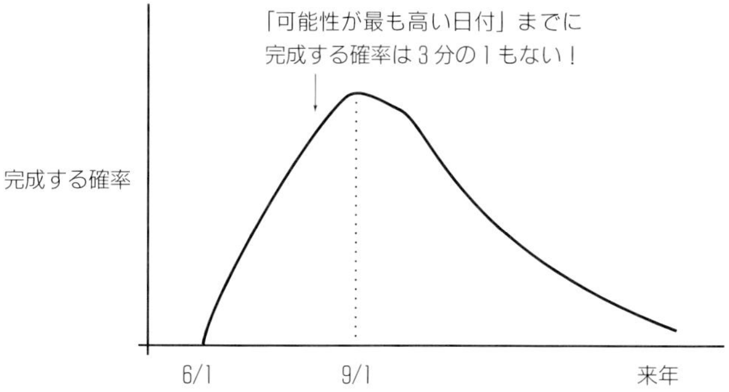

弊害：プロジェクトが来年まで長引くかもしれないことは、顧客や出資者には隠される。いくつものプロジェクトで同じことが起きると、出資者は、期日に関する約束をすべて信じられなくなる。

私のクライアントはよく、出資者と話し合うのがむずかしいと話す。「マーケティング担当に向かって、新製品の準備にあと9カ月はかかるとは言えません。さんざんに言われるか、プロジェクトの資金が出なくなるかどちらかです」。しかし、出資者も抽象的な物体ではない。人間である。記憶力のある抜け目のない人間である。期日に関する約束がポーズにすぎないと学習しても、本当のリスクがどれぐらいなのかを知る手段はない。

そのため、はるかに慎重になり、最悪のケースを想像する。逆説的だが、組織はどの程度の不確定性があるのかを妥当に評価できないと、リスクをとることに対して積極的になれない。賢明なリスク管理をしなければ、組織は頑にリスクを避けるようになる。

不確定性と向き合う

リスク管理とは、不確定性を数量化して明示することである。しかし、不確定であることを許さない企業文化もある。まちがえることはできるが、わからないとは言えない。上司や顧客の顔色を見て、結果の不確定性を示すぐらいなら、嘘をつく。わからないなどと言うのは腰抜けだ。

このような文化の中で暮らす人には、簡単なアドバイスはできない。たしかに、公然とリスク管理を行うことはできないだろう。しかし、自分のなわばりで秘かにある程度のリスク管理を実践することはできる。上司に嘘をつかなければならないからといって、自分自身を偽る理由にはならないのだから。とはいえ、組織全体で広くリスク管理を実施できる場合に比べれば、効果は薄い。

「わからないなどと言うのは腰抜けだ」のバリエーションとして、管理者が少しだけ（多くてはいけない）不確定性を示せる文化がある。明示できる不確定性の量は、通常、５％程度である。つまり、プロジェクトが18カ月で完了すると予想される場合、管理者は２カ月の猶予を主張し、18カ月目の最初から19カ月目の終わりまでの間に完成すると約束してその場を逃れる。しかし、許される不確定性はそこまでだ。その会社がそれまでに５％以内の誤差で結果を予測してきた実績があるのなら、それでもいいだろう。しかし、私が知るかぎり、最大５％の不確定性しか許さないルールを企業文化に取り込んでいる企業の大半は、ほとんど予測に成功していない。予測を50～100％も外れた結果を繰り返している。こうした実績をもちながら、最大５％の不確定性しか許容しないと、みなが嘘をつくようになる。

「できる」型の管理

１年後の６月でも楽観的だと知りながら、上司の目を見て６月１日に完成しますなどと言うのは、ひどいことだ。嘘つきとも思える。しかし、意欲的な管理者は評判がよい。私たちはみな、ある程度意欲的な態度をとることを期待されている。上司から並はずれた業績を求められ、部下が「できます」と答える図には、思わずうなずきたくなるはずだ。これは、挑戦を投げかけられ、受けて立ったということだ。そして挑戦はすばらしい。「最初はいくら不可能に思えても、大胆な仕事に挑むには、やると約束しなければ」と考えたりする。「できる」型思考は、現代の企業に定着している。

ところが、「できる」型思考はリスク管理とは正反対のものである。リスク管理は、「できない」可能性を率直に認める必要がある。完璧な「できる」型でありながら、リスク管理も実践するということはありえない。

人ならありえないが、企業には両方を実践できない理由はない。個々の管理者は「できる」か「できない」かどちらかの態度をとる必要があり、両方の態度はとれない。しかし、企業には、完全な「できる」型管理者と少数の「できない」型管理者が混在することが可能である。大部分の管理者にとっては、成功に向けて自分を奮い立たせることが使命である。しかし、上司は最初にこう説明する。「リリアンは『できない』ことのスペシャリストであり、われわれのリスク管理者だ。憂鬱なことに目を向け、悪い方向へ進んで計画の妨げになりそうなあらゆることに注目するのがリリアンの仕事だ。ほかの人はみな、最も意欲的な目標を達成できれば成功だ。リリアンは、失敗に結びつくことが予想されるあらゆる可能性を私に警告してくれれば成功だ。警告されなかった事態が発生したら、リリアンは失敗したことになる」

第30章 リスク管理の基本

リスクとは、起きるかもしれないし、起きないかもしれない（または部分的に起きるかもしれない）悪いことである。リスクが悪いのは、それが起きた場合、全体的な成功の可能性が低下するからだ。悪いことが起きた場合、リスクが実現したという。

ここでリスク管理を簡単に定義すると、予想されるリスク実現によって生じる重要な影響について、不確定性を明示することである。しかし、特定された不確定性一つひとつに対して、さらに分析が必要である。リスクごとにどのような分析が必要かを、この章で述べていく。リスクには全体リスクと部分リスクがあり、それぞれ扱い方が異なる。

全体リスクと部分リスク

全体リスクは、ある仕事全体が失敗する可能性である。たとえば、橋の建設を計画する場合、全体リスクは次のようになる。

・完全に川に橋をかけることができず、面目を失って中止せざるをえない。
・橋をかけることには成功するが、投資家の出資限度を上回って予算オーバーする。
・橋はなんとか完成するが、大幅に遅れ、損失利益によって収益がすべて相殺される。
・安全基準を無視したため、建設労働者の死亡事故が起きる。

・期日と予算を守って橋を完成するが、あとになって特別とはいえない状況下で橋が崩壊し、面目を失う。

全体リスクが実現すると、事業全体が無効になる。そもそもプロジェクトを引き受けない方がよかったということになる。

リスク管理を行う理由は、このような全体としての失敗の可能性を減らす、またはなくすことだが、全体リスクを直接管理できると思ってはいけない。リスク管理の肝心な仕事は、「部分」リスク、つまり原因リスクを管理することである。これは、誤った方向へ進むと、全体的な失敗につながるおそれのある要素である。たとえば、技術が足りなかったり、エンジニアリングが不十分だったりすると、橋の建設に全体的に失敗する可能性がある。全体的な失敗には、潜在的な根本原因がある。

リスク管理とはなにか

リスク管理の実際は、組織によってさまざまである。リスク管理プロセスを正式に採用している企業もあれば、管理という仕事全体に組み込んで、ほとんど場当たり的に実践している企業もある。スタイルがどうであれ、本質的な要素はある。次の要素がなければ、リスクを管理しているとはいえない。

1. リスクを一つずつリストアップし、数える。
2. 新しいリスクを発見するプロセスを継続する。
3. 各リスクが与えると予想される影響と、その確率を数量化する。
4. リスクが現れはじめたことをなるべく早く知らせる変化の指標を設定する。

5．万一、各リスクが現実のものとなりはじめた場合の対応計画を事前に立てておく。

最後に、部分リスクの影響が重なった場合、全体的な成功に関する不確定性がどのように決まるかを示すなんらかのモデルを作成する必要がある。そのような不確定性は、通常、前の章に示したようなリスク図によって表される。通常は、コスト、スケジュールなどのリスクの種類ごとに、個別の図がある。

リスク管理は動的でなければならない。つまり、全体的な不確定性を時間経過とともに更新していく必要がある。部分リスクが実現したり、逆に二度と実現する可能性がなくなったりするたびに、全体リスク図を更新する必要がある。

リスクの抑制

リスクが現実のものとなったときにどのように対処するかは、リスクの性質、成功見通しへの予想ダメージの範囲、その確率によって異なる。

最も単純なケースでは、影響を受け入れ、コストを支払い、そのまま先へ進む。コストは金銭の場合もあれば、時間の場合もある。たとえば、テスト・エンジニアの転職を防ぎたいと考えていたが、転職してしまった。コストのかかる後任を採用し、それにともなう採用コストと研修コストを支出し、新しい要員が順応するまでの数週間、プロジェクトがもたつくのを我慢する。コストの合計は、３万5000ドルと、取り返しがつかないであろう１カ月の遅れである。

このコストと時間は、どこから出てくるのだろうか。資金はかき集め、時間は交渉してどうにかするのだろうが、そのためには、予算とスケジュールにある程度の柔軟性をもたせておく必要がある。この柔軟性を、

「貯金」と呼ぶことにする。

前触れもなく悪いことが起きた場合、それを相殺する資源を手に入れるために走り回らなければならない。リスク管理機構によって事前に悪いことが予想されている場合、通常は、そのコストに備えて貯金をとっておく。リスクごとに貯金するのではなく、プロジェクト全体の貯金である。目標は、実現したリスクのコストを十分にカバーすることを、半分以上の確率で保証できるだけの時間と資金を貯金しておくことである。たとえば、コストに関する不確定性が次のグラフのようになる場合を考える。

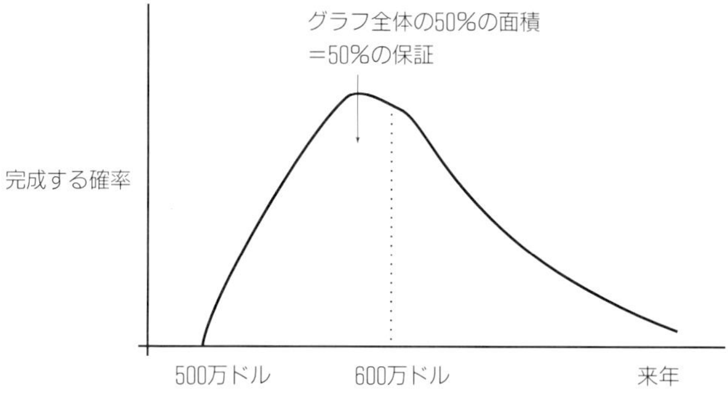

この場合、50%の確率で保証をするためのリスク貯金は、最低予算の500万ドルを100万ドル上回る水準である（スケジュールについても同様のリスク図を作成し、日程のリスク貯金を決定する）。

リスク貯金は、遂行する必要がないかもしれない仕事のために用意しておくコストと時間である。リスク管理をしなければ、予算と日程をなるべく抑えるために、この貯金は削られることになる。このために、リスクが実現することをまったく想定していない（確率０%）予算やスケジュールができあがることが多い。リスク管理を行えば、不確定性を明示せざるをえないため、リスクの実現について妥当な予想を織り込んでおくことはさほどの負担ではない。

50%以上の保証レベルでリスク貯金をしておくことを「リスクの抑制」という。この貯金からリスクのコストを支払った場合、「リスクを抑制した」という。知的労働によくあるリスクを抑制するために必要な時間とコストを知るのは、さほどむずかしい作業ではない（5、6件のプロジェクトを慎重に事後分析すれば、ほとんどのデータは揃う）。最も苦労するのは、少しでも早く、安くと求める人が、リスク貯金を削らないようにすることである。

リスクの軽減

リスクの軽減とは、リスクが現実のものとなった際の影響を軽減するための措置である。リスクの軽減には、一見わかりにくいが、二つの側面がある。

- リスクが現実のものとなる前に計画を立てる必要がある。
- 軽減のための活動の一部も、リスクが現実のもとのなる前に実施する必要がある。

これらについては、上記とは逆の順に説明する。２番目の項目が、１番目の理由の一つだからである。

学校で火災が起きるリスクについて考えてみよう。それがリスクである限り、つまり悪いことが起きるかもしれないし、起きないかもしれないという状態である限り、そのリスクについて実際になにもする必要はない。しかし、リスクが実現した場合、リスクは単なる抽象的な可能性から、現実の危機へと変わる。行動を起こさなければならない。しかし、事前に準備していなければ、どうしても起こしたい行動も起こすことができない場合がある。消火器を使いたくても、だれも消火器を購入し、装塡し、設置するという準備作業をしていなかった。生徒に危険を知らせるには非常ベルが必要だが、それも設置されていない。生徒たちを秩序正しく避難させたかったが、だれもその方法を教えていなかった。

有効にリスクを軽減するには、事前の準備が必要な場合があるため、どのような軽減措置が必要で、どのような準備が必要かを判断するための計画が必要である。

学校の火災の場合、私が説明しなくとも、事前準備が必要なことはおわかりだろう。しかし、事業上のリスクの軽減にもふつう事前準備が必要であることは、さほど認識されていない。理性的に考えれば必要なのだが、このような事前準備を無視しようとする困った傾向がみられるのは、それが「必要ないかもしれない仕事はするな」という不文律に反するからだ。このような傾向は、特にプレッシャーを受けている人によくみられる（だが、受けていない人などいるだろうか）。管理者にきつい納期をつきつけると、その管理者は「途中で一度か二度、幸運に恵まれなければ、期日までには終わらない」と考える。「成功計画」に基づくスケジュールには、必要ないかもしれない仕事をする時間は組み込まれない。計画どおりに幸運に恵まれれば、そのような仕事は必要なくなるはずなのだから、と管理者は考える。

各リスクに対する最低限の事前準備は、リスクが実現した場合にやるべきことの計画を作成しておくことだ。計画した軽減措置がクリティカルパスを占める場合もあるため、そのような場合には、事前に必要な準備をすべておこなうよう注意すべきである。

第31章　危険速度

「急げ、急げ」の呪文は、あらゆることをできるだけ早く行うよう命じている。では、「できるだけ早く」とは、どれぐらいの早さをいうのだろう。特定の仕事を、どれぐらい早くできるものだろうか。きっちり予定どおりに、余計に立ち止まったりせず、猛烈に働いている自分を想像する必要がある。限界に達し、頭のアクセルを全開にする。これが知識労働者が出せる最速のスピードである。知的進歩ではなく物理的進歩の話をしているとしたら、この速さを「危険速度」と呼んでいいだろう。「急げ、急げ」の呪文は、知識労働者に危険速度で働くことを要求している。

さて、「危険速度」という言葉はどこから来たのだろうか。なぜそう呼ぶようになったのか。答えは簡単だ。このような速さは、必ず災難を招く。これ以上の余裕はない（あるとしたら、さらにスピードを上げられるはずなので、余裕がなくなるまでスピードを上げる）。いまにも転びそうなスピードであり、転べばさまざまな結果がともなう。一歩まちがえばすべてが失われる。これがリスク管理だと思えるだろうか。

恥ずべき事実

危険速度で進むことは、当然ながら、リスク管理とは矛盾する。もちろん、それぐらいのことはだれにでもわかるだろう。ところが、そこから推定される結論には気づかないかもしれない。その結論とは、リスクを管理するには、やや遅い速度で進む必要があることだ。その結果、危険速度を維持し、運よく転倒しなかった場合に比べれば、完成が遅くなる。

例を挙げてみる。重大なリスクが一つだけあるプロジェクトを引き受けたと想像しよう。悪いことが起きる可能性があり、それが起きるかどうか、いつ、どの程度の範囲で起きるかによって、プロジェクトが遅れる可能性がある。悪いことがまったく起きなかった場合には、12カ月で完成する。悪いことが起きた場合、プロジェクトの完成は1年遅れる可能性もある。最も確率の高いシナリオは、4カ月遅れるというものだ。

このプロジェクトのリスク図は、次のようになる。

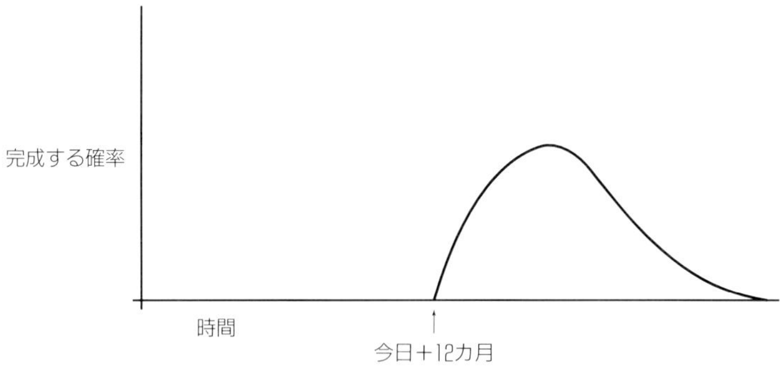

さて、リスク管理者になったつもりで、まずはこう考える。「悪いことが起きた場合、もっとうまく対応するにはどうしたらいいだろう」。そこで、プロジェクトの主要メンバーに、仕事に効率よく対処する方法を教える短い講習を考えつく。これはリスクの軽減である。この講習には数人月がかかるが、コスト全体が2倍になるのを防ぎ、遅れも半分以下になると思われるため、部下に講習を受けさせることにする。次の図は、リスクの軽減によってリスク図がどう変わるかを示している。

これで大幅に改善された。最も確率の高い完成日は6週間早くなった。予想完成日（確率が50％の日）は、さらに早くなる。最悪のケースは、軽減措置をとらなかった場合の半分程度の遅れですむ。これらはよい面だ。

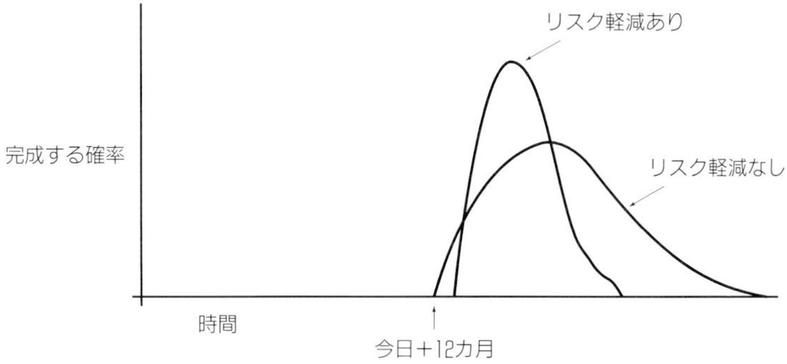

悪い面は、最も楽観的なケースが悪くなることだ。バラ色のシナリオが少しだけ色あせる。軽減措置をとらなければ、12カ月プラス１日で完成する淡い可能性があった。軽減すれば、完成までの最短時間は、人材の研修に費やした時間だけ延びる。これが軽減のコストである。

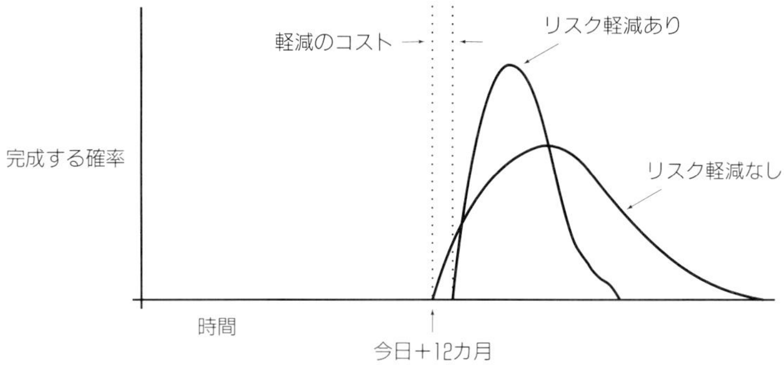

私が訪れた会社の少なくとも半数では、人びとはバラ色のシナリオ以外の期日には目を向けられない。そのような企業では、リスクの軽減など無意味である。軽減のために失われた時間以外は目に見えない。成功に向けて計画しているのであり、リスク管理はただの邪魔者である。

リスクの軽減は、リスク管理の中心になるものだ。リスク軽減ができなければ（将来、リスク抑制の行動を可能にするか、そのコストを抑えるための措置をいまとれなければ）、リスク管理はできない。

安全速度

船旅が主流だった時代は、船でどこかへ行くには危険がともなった。速度を上げれば危険はさらに高まった（上層の風に向けて帆を高く上げ、思いきって未知の水域や浅瀬を横切るようになり、疲労がたまって人為的ミスが増える）。このような時代には、海軍は戦闘地域に予定どおり到着するため、「安全速度で航行」するよう船長に命じた。安全速度とは、危険速度ではない速さである。危険速度よりは遅い。知的労働も「安全速度で」進めることを学ぶ必要がある。

そのためのカギは、バラ色のシナリオだけでなく、リスク図全体を見ることだ。なんらかの戦略によって、リスク図の重心が大きく左へ移動するようなら、それはよい戦略だといえる。その戦略に従うべきである。その後、リスクが現実のものとならなかった場合、結果的に必要ではなかったことにいくらか余分な時間を費やしたことになる。これは、去年支払ったが結局必要のなかった生命保険の掛け金と同じだと考えるといい。

「安全速度」で目的地に到達するまでの時間と、「危険速度」で到達するまでの時間の差がゆとりである。ゆとりは、すばやく、しかも破綻せずに到着するためのものだ。

第32章　リスクとつきあう法

私たちは、変わらないことが可能であり、また望ましくもあった時代に育った。変化は、新しく優れた停滞状態へ達するための過程であった。このような変化を一時的に不安に思ったり、不快に思うことさえあったが、いずれは終わるものとわかっていた。すぐにまた、現在の変化の恩恵を長年にわたって受けられるときがくるとわかっていた。そうなれば、破壊的な変化も過去の思い出にすぎない。だが、そんな時代は終わった。

90年代初期と現在の違いは、レーニンの革命論（古い状態を破壊し、新しい優れた状態に置き換える）と、トロツキーの「永続」革命論（古い状態を破壊し、それに代わる状態も次々に破壊する）の違いである。現在の新しい経済では、変わらないものは郷愁の対象にすぎない。核のなかった時代をふりかえるように、当時をなつかしむのは結構だが、二度と戻ることはできない。

変化のない時代には、リスクは招かれざる客だった。しかし、現在はリスクはつねに存在する。絶えずリスクをとりつづけなければ、二度とだれも成功することはない。ところが、おどろいたことに、いたるところでリスクが回避されている。

リスク回避

リスクを避けることは、機会から逃げることだ。これを読んでいる間にも、会社ではだれかが、これまでに一千回もやってきたことを新しい計画として始めようとしている。それはクライアント・サーバーの入れ替えかもしれないし、既存のプロセッサーにほんの少し速いチップを取り付けるためのマイナー・アップグレードかもしれないし、去年の車体、去年のエンジン、去年のミッションのまま、ダッシュボードの配置とフェンダーだけを変えた形だけの設計変更かもしれない。これらの「計画」には、ほとんどリスクはない。それなら、こんなことはもうやめるべきだ。

いま採用すべき新しい計画は、リスクの大きなものだけだ。新しい市場へ進出したり、まったく新しい技術を利用するようなもの、企業を変えると同時に、顧客層や仕事のやり方も変えるものでなければならない。リスクがない、または小さいと思われるプロジェクトがあったら、それを中止すべきだ。これからは、改革的なことに費やす資源や時間が必要になる。改革に関係のない仕事をやめなければ、そのための資源や時間は手に入らない。

実質的なリスク管理をしなくても完成できる仕事をしている場合も、資源の投入先を変えるべきである。リスク管理が余計なことでしかない場合、完全にリスク回避モードに入っている可能性がある。フェンダーのカーブを少しきつくしたり、ダッシュボードの時計を新しくするだけなら、たしかにリスク管理はいらない。その技術が悪いのではない。全体的な戦略が悪いのだ。

そもそもリスク管理などしていないのでは

現在はどうしてもリスクをとる必要があると、頭ではともかく、少なくとも直感的にはだれでもわかっているはずだ。そのため、自分の会社ではすでにリスク管理が実施されているはずだと考えたくなるかもしれない。それは自分たちがやってきたことだと考えたいかもしれない。自分はリスクの時代に管理の仕事をしているのだから、リスク管理をせずになにを管理するというのだ。

たとえ自分ではリスク管理をしていなくても、自分の下のどこかで実施されているにちがいないと考えるかもしれない。またしても同じ論理である。リスクの大きいプロジェクトや新計画を管理するために人を雇っているのだから、その人たちがリスクを管理しているにちがいない。しかし、そうではない場合が多い。不変なものなどなにもない仕事に、変化のない時代の管理方法を適用している場合がよくある。

変化のない時代の管理方法の最大の要素は、「生産思考」というものだ。これは、管理者の話す言葉の中にみられる。組立ラインを管理する人たちではなく、開発プロジェクトを管理する人たちの話だ。この人たちは、開発「工場」の構築（生産用語）、「仕事量」の「測定」（仕事量も測定も、生産の概念）、「プロセス」（生産の概念）、「品質管理」（生産の概念）、「効率」と「投下資本利益率」と「無駄の管理」と「コスト削減」（すべて変化の少ない状況に対処する場合に有効な概念）などの話をする。これらは、リスクを回避し、21世紀のビジネスについていけなくなっている兆候である。

次の項に、組織の中で本当のリスク管理が行われているかどうかを調べるチェックリストを掲げる。これは厳しいチェックだ。ほとんどの企業は条件を満たしていない。しかし、その内容は正当である。このチェックリスト、またはその一部を満たしていない組織は、実はリスクを管理しておらず、したがって十分なリスクをとっていないと考えられる。

リスク管理のチェックリスト

会社の中で、最もリスクが大きい部分を選んでほしい。それは会社の将来がかかっているおそろしいプロジェクトかもしれない。新製品の開発か、未知の市場への参入かもしれない。その分野に対して、次の厳しい質問を投げかけてみる。

- リスクに関する調査結果が公表されているか。そのリストには、だれもがおそれる結果リスクではなく、主な原因となるリスクも含まれているか。プロジェクトに参加するすべての人が、このリスクのリストを閲覧できるか。リストには、慎重なリスク分析と呼ぶのに十分なリスクが載っているか。
- 新しいリスクを発見するためのしくみが確立されているか。すべての関係者が安全にリスクを知らせることができるか。
- リスクの中に致命的になりうるものはあるか。対処できるリスクだけに焦点を当てたリスク管理は、リスク管理のまねごとにすぎない。最も注意しなければならないのは、致命的なリスクである。
- リスクごとに実現の確率、コストとスケジュールへの影響を数量化しているか。
- リスクごとに実現を予測するための変化の指標を設定してあるか。それぞれの変化の指標を監視しているか。
- リスク管理専門の担当者がいるか。リスクを管理する責任は全員にあるという態勢をとっている場合、実はだれもリスク管理の責任を負っていない。その人たちは、「実質的な仕事」をやまほど抱えているからだ。
- 作業計画の中に、状況によっては必要がなくなるかもしれない仕事が含まれているか。このような条件付きの仕事が計画に含まれていない場合、リスク管理がまったく機能していないと考えられる。
- プロジェクト全体に完成予定と完成目標の両方があり、

予定と目標が大きく異なっているか。予定と目標が同じ場合、リスク管理が機能していない。仕事の完成が予想される最短日は、目標には最適だが、予定として最悪である。

・予想完成日よりかなり前に完成する可能性は十分にあるか。これがない場合、つまり予定より20％か30％早く完成する可能性がある程度ない場合には、予想完成日ではなく、完成目標が完成予定になっている。

以上が、組織でリスク管理が実施されているかどうかを確かめる９項目のチェックリストである。これらはいずれも重要である。すべての項目に「はい」と答えられるようでなければ、正しくリスク管理しているとはいえない。

１項目か２項目に「はい」と答えられなくても、がっかりすることはない。もう少しがんばればいいことだ。しかし、ほとんどの項目に「はい」と答えられなかった場合には、大いにがっかりするべきである。リスクを特定できない企業は、目標と予想を区別できず、リスクを回避しようとしたり、やみくもにリスクをとろうとする。いずれもよい指標にはならない。

あとがき

私が本書を出版することにしたのは、少なくとも一つには、効率を非難するためだ。だからといって、効率がまったく重要ではないとは考えないでほしい。ほとんど重要ではないといっているだけだ。

次章の「干草の山から針を探す」の寓話は、この問題に対してバランスのとれた見方をするために掲げた。ものごと全体の中で、効率によって1ポイント稼げるとしたら、わずかなゆとりと、発想、工夫、リスクの受け入れ、人間関係への理解によって、3ポイント稼げる可能性がある。

この寓話の最初には、単純明快な目標がある。最後には、その目標が達成される。これはいいことのように思われるが、実はある事実がある。途中で本当の目標が変わっているのだ。主人公には、新しいはるかにおもしろい目標を選び、うまくそれを達成するだけの鋭敏さがあるだろうか。期待せずに見てみよう。

第33章　干草の山から針を探す

むかし、ある若い仕立屋が、干草の山に針を落としてしまった。さんざん探し回ったが、針はみつからなかった（それはそれは長い間探したのだが、手短にすませるためにその部分は省略する）。

哲学好きのこの男は、探しながら問題の本質について考えた。この問題は、もっと一般的な問題の一例ではないだろうか。実際、このジレンマの核心は、目的物を隠す要素が多すぎることにあるのだと男はすぐに気づいた。針の数に対して、干草の数が多すぎるのだ。もちろん、この手の問題は無限に存在しうる。そのいずれもが、少なくとも抽象的には、いまのこの問題と同一である。

男は考えた。針の数をｎとすると、この場合、ｎは１である。さらに、干草の本数をｈとする。ｈがｎより大きければ、ｎを見つけることの難しさはある程度まで大きくなる。見方を変えると、ｎを発見する確率Ｐは、ｈが増加するにしたがって低下する。実際、ｈがある程度まで大きくなると、Ｐは、数値ではなく無限に小さいdeltaへ近づいていく。

この論理を思考する過程で、この若者は、のちの時代にフラクタル科学やマンデルブロー集合にとって重要となる「ゴールドブラットの推論」というものを発見していた。しかし、自分ではそのことに気づいていなかった。所詮、男は仕立屋である。Ｐ、ｈ、ｎ、deltaの関係を解いたものの、まだ針を発見できないのだから、根本的な問題の解決には近づいていない。

運よく、干草の山をかき回していたときに、美しい若い王女が現れた。いつもなら、仕事に夢中で、目を上げて王女を見ようともしなかっただろう。しかし、このときははっと思いつくことがあった。
「あの、あなたは美しい王女さまですよね。美しい王女さまについては、一つ二つわかってることがありますよ」
「そう」と王女はため息をついた。「王女ってそうなの。みんな王女になったこともないくせに、全部わかってるようなことを言うのよ」
「わかってますとも。たとえば、王女さまは、敷布団を7枚重ねていようとも、だれかが寝小便をした跡があればわかるはずです」
「うーん。こまかいところはちょっとちがうけど、本質はつかんでいるようね。王女はとても敏感なの」
　男は干草の山の中で針をなくしたことを説明した。
「なにを言いたいのか、わかった気がする。この干草の山の上に横になって、針をみつけるのを手伝えというのね」
「そのとおりです」
「やるわ。あなたの針を一瞬でみつけてみせましょう。さあ、どこでなくしたというの」
「それがよくわからないんです。でも、ここ全体のうちのどこかです」。そう言って男は、膨大なｈにあたる干草の山全体を指すように手を広げてみせた。
「まあ。いいわ、やってみましょう」。王女はめぼしい場所に飛び乗り、干草の中でわずかに体を動かすと、ゆっくりと視線を移した。「ちがう。ここじゃないわ。こっちを試してみましょう」
　王女は干草の別の場所に移り、ふたたび横になった。またしても夢見るように視線を泳がせた。仕立屋は胸の高鳴りをおぼえた。自分は王女について、いや、少なくともこの王女について何一つわかっていなかったことに気づいた。そしていま、自分の人生は変わってしまった。二度と元には戻らない。以前は繕い物に明け暮れる人生だったが、いまは恋の可能性が生まれた。美と魅惑、ダンスと抱擁にあふれた毎日を送れる可能性がある。これはよいことだが、あまりよくないこともある。以前は針ぐらいしか失うものはなかったが、いまはすべてを失いたくない。男は急に怖くなった。なによりも、しくじりたくない。

王女は眉をひそめていた。僕の王女が眉をひそめている。男は、新しいバラ色の未来が消えていくのを感じた。「ここでもないわ。どういうことかしら」

「いや、いいんです」と、仕立屋はあわてて言った。「本当に。たかが針ですから」

「でも、どうしたらいいの。あなたをがっかりさせてしまったわ」。王女は干草の中から、悲しそうに男を見上げた。王女は実に美しかった。

「いえ、本当にそんなに悪く思うことなんてないんです。どうかそんなふうに思わないでください。この世でいちばん敏感な人でも、これだけ数があったら大変です。針の数ｎに対して干草の数ｈが増えていくと、ｎを発見する確率Ｐは際限なく減っていき、限りなくゼロに近づいていきます」

王女も胸の高鳴りを感じた。「まあ。あなたって詩人ね」

「いえ、ただの仕立屋です。でも、失敗したからって悪いなんて思わないで」

王女は干草の中で身を起こした。「失敗ですって。失敗なんかしてないわ。まだ成功してないだけよ」

「この問題は難しすぎます。どうか忘れてください。もし私などのためにあなたが……」

「ばかばかしい。もう一度考えてみましょう。干草の山から針を探すという問題は、王女の背中がなくたって、絶対に解決できるわ。ｈを全部よけていきさえすれば、ｎが残るんですもの。たしかにｈは大きいけど、無限じゃない。あなたが教えてくれたＰ、ｎ、ｈの公式は、時間的要素がないから静的ね。かわりにＰ（ｔ）という動的なパラメーターを考えてみましょう。これは時間ｔ以内にｈからｎをみつける確率。ｔが増えていけば、P（t）は限りなく1.0に近づいていくでしょう」
「そうですが、tとはなんです。未来永劫じゃないですか」。仕立屋はむっつりとした。恋の話をする前に、よぼよぼの老人になってしまうかもしれない。
「じゃあ、こう考えましょう」。王女はこれから起きることに満足するように笑った。ゲームの決着をつけるときに女性がみせる表情だ。「h本の干草の山について考えるかわりに、n本の針の山について考えることにしましょう。針の山の中にh本の干草がある」
「でも、nが1で、hが膨大であることに変わりはないじゃないですか」
「そうね、でもnではなくてhを探すことにするの。針の山の中でなくした干草をみつけるの。それならこの数字でも、きっとうまくいくわ」
仕立屋はほっと息をついた。「どうしてそんなふうに考えられなかったんだろう。なんて愚かだったんだ」
王女は男には答えず、また干草の上に横になった。「ほら、あった」。王女は腰の下に手をやり、みごとな干草を1本取り出した。「hがひとつ。ついに成功。やったわね。さあ、これで別の話ができるわ」。王女は、詩人であるうえにハンサムな仕立屋を見上げた。
ところが、仕立屋は干草の中で光るものをみつめていた。「僕の針だ」。そして勝ち誇ったように針を拾い上げた。
愚かな男だと王女は思った。これだけ確率が高いのに、針の山から干草をみつけられないなんて。王女は肩をすくめてその場を立ち去り、男は二度と王女に会うことはなかった。

索引

企業・団体名

人名

著者紹介

トム・デマルコ（Tom DeMarco）

ニューヨークとロンドンに拠点を置くコンサルタント会社、アトランティック・システム・ギルド社（www.atlsysguild.com）の会長。1979年以来、生産性管理、プロジェクト管理、企業文化などに関する講演や執筆、コンサルティングを国際的に行っている。1986年に、情報科学における優れた業績によって、J. D. Warnier賞を受賞。メイン州キャムデン在住。主な著書に『Peopleware:Productive Projects and Teams』（共著「ピープルウエア」）、『The Deadline: A Novel About Project Management』（「デッドライン」）、『Structured Analysis and System Specification』（「構造化分析とシステム仕様」以上、日経BP社）、『Software State -of-the-Art』（共著）、『Why Does Software Cost So Much? 』（「デマルコ大いに語る」日科技連）がある。

訳者紹介

伊豆原　弓（いずはら　ゆみ）

翻訳家。1966年生まれ。訳書に「デッドライン」「殺人バグを追え」（以上日経BP社）、「イノベーションのジレンマ」「ハーレーダビッドソン経営再生への道」（以上、翔泳社）、「図解B2B戦略入門」「HPウェイ」（以上、日本経済新聞社）などがある。

ゆとりの法則
誰も書かなかったプロジェクト管理の誤解

2001年11月26日　1版1刷
2004年10月29日　1版6刷

著者　トム・デマルコ
訳者　伊豆原　弓
発行者　国谷　和夫
発行　**日経BP社**
発売　**日経BP出版センター**
〒102-8622
東京都千代田区平河町2-7-6
TEL.(03)3238-7200（営業）
ホームページ　http://store.nikkeibp.co.jp/
e-mail　book@nikkeibp.co.jp

装幀　黒田 貴
カバーイラスト　大塚 砂織
印刷・製本　図書印刷（株）

ISBN4-8222-8111-6